AF130925

DIE NACHT VON RIO

Als wir Weltmeister wurden
Die Reportagen der WM 2014

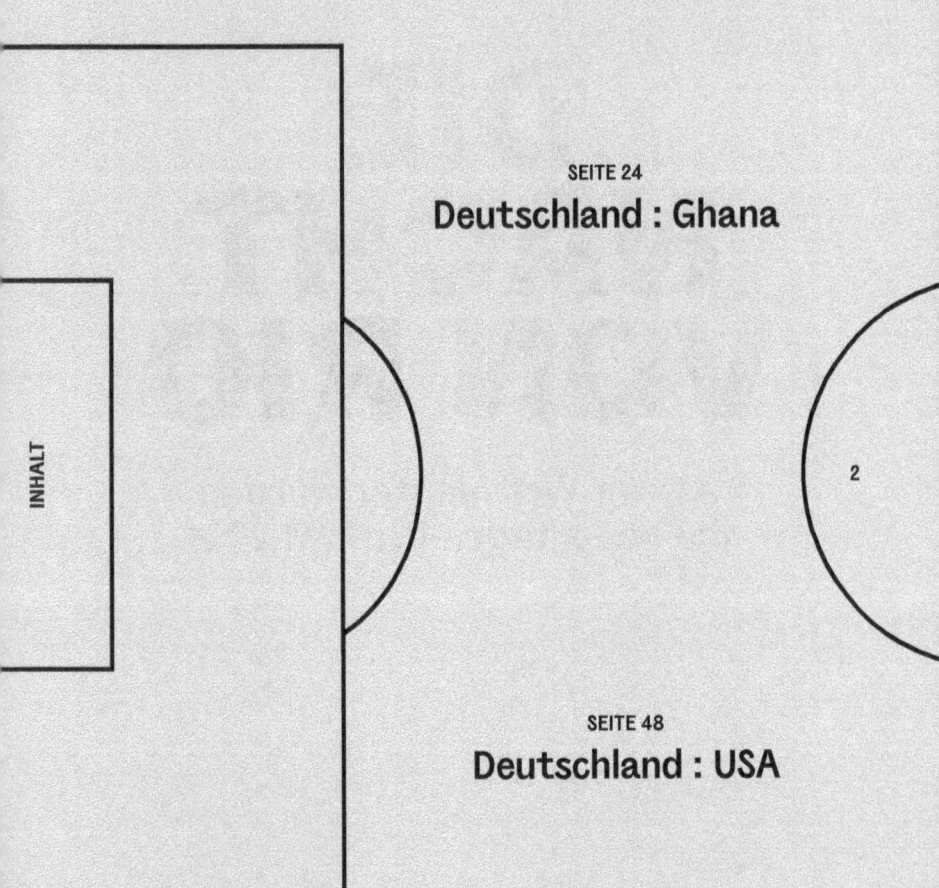

INHALT

2

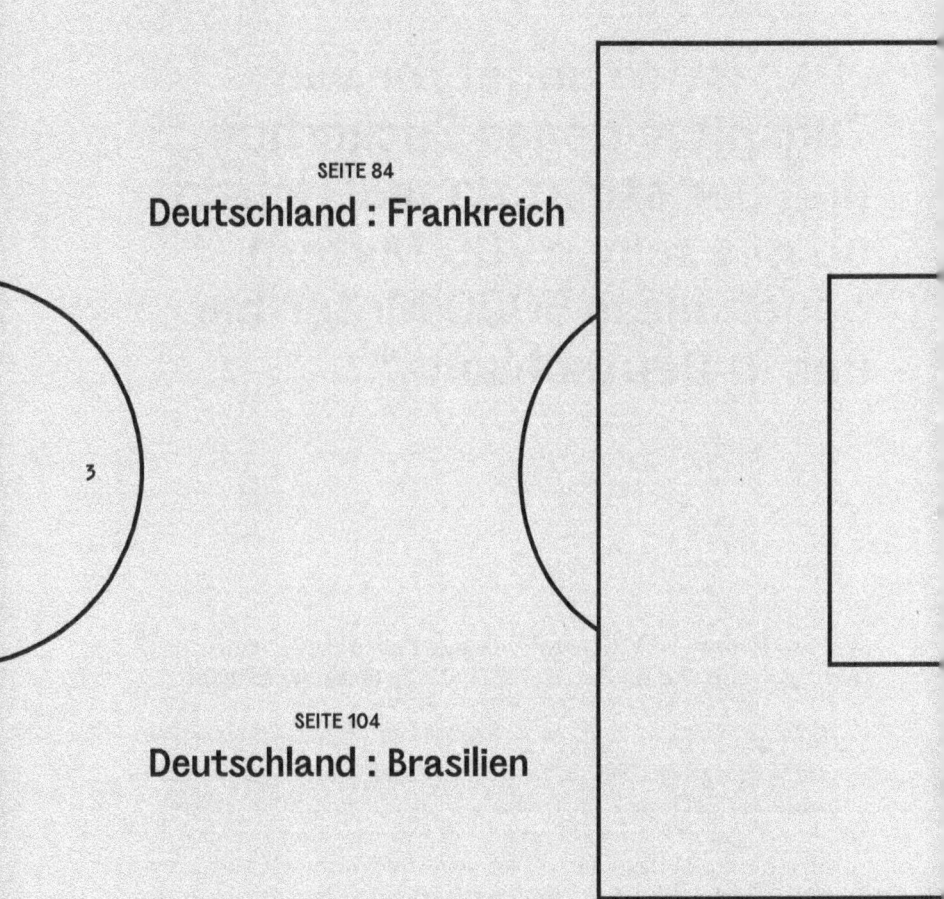

3

„Das ist so ungefähr wie Zugspitze gegen Zuckerhut ... und der stinkt da mal richtig ab mit seinen 700 Metern gegen diese 3000 Meter bei uns in Deutschland."

Wie um Himmels Willen kommt man auf so eine Formulierung, wenn es dem Rest der Welt die Sprache verschlägt?

Mir jedenfalls fehlten an diesem 8. Juli 2014, 17:26 Uhr Ortszeit, im Estádio Governador Magalhães Pinto in Belo Horizonte, die Worte. Toni Kroos hatte soeben das 4:0 für Deutschland erzielt. Nach 26 Minuten! In einem WM-Halbfinale! Ich starrte auf den blinkenden Cursor in meinem Facebook-Profil – mir fiel nichts ein. Ich hatte die Seite schon vier Minuten zuvor geöffnet, wollte das 2:0 durch Miro Klose kommentieren. Doch noch bevor ich den ersten Buchstaben eintippen konnte, erzielte Toni Kroos bereits das 3:0. Und nun, weitere 120 Sekunden später, jubelten die deutschen Spieler da unten auf dem Rasen schon wieder. Ich legte das Mobiltelefon zur Seite.

Dem Volunteer-Mädchen am Eingang der Pressetribüne, die nach dem Abspielen der Nationalhymnen noch so kess mit dem Victoryzeichen herüber gegrüßt hatte, lief nun tatsächlich eine Träne die Wange herunter. Zwei Reihen vor mir weinte ein alter Mann im Trikot der Seleção hemmungslos. Ich ahnte bis zu diesem Moment nicht, wie leise 58.141 Menschen in einem Fußballstadion sein können.

In dieser gespenstischen Stille schossen mir plötzlich die legendären Sätze von Herbert Zimmermann durch den Kopf. „Halten sie mich für verrückt, halten sie mich für übergeschnappt...", rief der Reporter 1954 fünf Minuten vor Spielende in sein Mikrofon. 50 Millionen Hörer hingen damals in Deutschland vor den Rundfunkempfängern – und an seinen Lippen. „Schäfer, nach innen geflankt. Kopfball. Abgewehrt. Aus dem Hintergrund müsste Rahn schießen. Rahn schießt. Tor. Tor. Tor! Tor!!", hörten sie Zimmermann schreien. Und wenig später: „Aus. Aus. Aus. Aus. Das Spiel ist aus – Deutschland ist Weltmeister." Die Stimme des Reporters überschlug sich ob der Wucht des Ereignisses förmlich. In den 90 Minuten zuvor aber hatte er das Geschehen unglaublich plastisch geschildert. Der Regen im Stadion Wankdorf, der unaufhörlich niederprasselte. „Der Sekundenzeiger, er wandert so langsam. Geh doch schneller, geh doch schneller, aber er tut es nicht. Er geht mit der Präzision, die ihm vorgeschrieben ist." Zimmermann schuf zu einem historischen Ereignis auch Sprachbilder für die Ewigkeit. Nicht zuletzt sein Kommentar hat das „Wunder von Bern" über sechs Jahrzehnte so taufrisch erhalten.

Wie werden die Kollegen dieses unfassbare Spiel in die Heimat transportieren, fragte ich mich also, während das „Wunder von Belo Horizonte" mit 7:1 seinen Lauf nahm.

Das vorliegende Buch gibt die Antworten. Die fesselnden Live-Kommentaren der deutschen WM-Spiele, von Designer Andreas Volleritsch typografisch kongenial inszeniert, lassen die ganze Dramatik des Geschehens noch einmal vor dem inneren Auge ablaufen und das WM-Gefühl auf einen Schlag wieder aufleben.

ERSTES GRUPPENSPIEL

DEUTSCHLAND – PORTUGAL

4 : 0

IN SALVADOR
ALEXANDER BLEICK

ANSTOSS:
16.06.2014, 18:00 Uhr

STADION:
Arena Fonte Nova, Salvador

ZUSCHAUER:
51.081 (ausverkauft)

DEUTSCHLAND - PORTUGAL

AUFSTELLUNG

Manuel Neuer	Rui Patricio
Jerome Boateng	Bruno Alves
Per Mertesacker	Pepe
Mats Hummels	Joao Pereira
Benedikt Höwedes	Fabio Coentrao
Philipp Lahm	Miguel Veloso
Sami Khedira	Joao Moutinho
Toni Kroos	Raul Meireles
Mesut Özil	Nani
Mario Götze	Cristiano Ronaldo
Thomas Müller	Hugo Almeida

WECHSEL

63. Min.: André Schürrle für Özil	28. Min.: Eder für Almeida
73. Min.: Shkodran Mustafa für Hummels	46. Min.: Ricardo Costa für Miguel
82. Min.: Lukas Podolski für Müller	65. Min.: André Almeida für Coentrao

TRAINER

Joachim Löw   Paulo Bento

SCHIEDSRICHTER

Milorad Mazic (Serbien)

KARTEN

- Joao Pereira (Gelb)
- Pepe (Rot)

SPIELER DES SPIELS

Thomas Müller

„Da war ich leider beim Duschen."

Thomas Müller zur verpassten Ansprache von
Bundeskanzlerin Angela Merkel in der Kabine

„Sie hat gesagt, dass sie zum Finale wiederkommt."

Lukas Podolski

TORSCHÜSSE

Deutschland | **Portugal**

TORCHANCEN

Deutschland | **Portugal**

BALLBESITZ

Deutschland | **Portugal**

56% | 44%

ZWEIKAMPFQUOTE

Deutschland | **Portugal**

58% | 42%

GEFOULT WORDEN

Deutschland | **Portugal**

12 | 8

ECKENVERHÄLTNIS

Deutschland | **Portugal**

4 | 6

ABSEITS

Deutschland | **Portugal**

2 | 1

PASS-STATISTIK

MEISTE PÄSSE VON/ZU

Kross → Lahm (18)
Deutschland

Moutinho → Nani (14)
Portugal

BESTE PASSQUOTE

Khedira 94%
Deutschland

Alves 87%
Portugal

GESPIELTE PÄSSE

Deutschland **548**
Portugal **407**

ANGEKOMMENE PÄSSE

Deutschland **486**
Portugal **355**

FEHL-PÄSSE

D **62**
P **52**

PASSQUOTE

Deutschland Portugal

89% **87**%

TOP-LAUFLEISTUNG

11,701 km
Kroos
Deutschland

10,920 km
Moutinho
Portugal

TOP-GESCHWINDIGKEIT

32,29 km/h
Hummels
Deutschland

32,15 km/h
Coentrao
Portugal

DIE MEISTEN SPRINTS

47
Müller
Deutschland

44
Pereira
Portugal

1. HALBZEIT

12. MINUTE

Es gibt Elfmeter für Deutschland. Achtung, liebe Kollegen. Nach einem Foul an Götze im Strafraum.

Und da laufen die Kollegen alle zur Bank, holen sich da was zu trinken, weil es so heiß ist. Es gibt die Gelbe Karte nach dem Foul gegen Verteidiger Perreira, der da Götze im Strafraum erst umklammert hat und dann zog er ihn und schob am linken Arm und dann Götze ... fällt dann aber auch, wie von einer Feder emporgeschnellt. Und jetzt liegt der Ball auf dem Punkt. Und Thomas Müller hat ihn sich dort hingelegt, visiert das Tor an. Noch ist der Ball nicht freigegeben. Torhüter Luis Patricio steht dort auf der Linie, schiebt sich noch einmal ein bisschen die Ärmel hoch, hat die Arme an den Körper gelegt. Thomas Müller: **Die Stutzen, fast ein bisschen runtergerutscht sind sie ihm da, über die Waden, er hat die Hände in die Hüften gestemmt, wischt sich noch einmal mit links den Schweiß vom Gesicht.**

Jetzt läuft er an mit schleppenden Schritten, schießt – TOR! Links unten, flach verwandelt.

Deutschland führt mit 1:0

in der elften Spielminute. Was für eine Erlösung in diesem Start in die Fußballweltmeisterschaft nach dem Elfmeter. Thomas Müller schießt das erste Tor für die deutsche Nationalmannschaft bei diesem Turnier, mit diesem verzögerten Anlauf. Und dann flach unten links hat er den Ball im Tor untergebracht. Gut gemacht.

Portugal, schleppender Spielaufbau. Die Hitze drückt herunter, man spürt es förmlich. Da unten auf dem Rasen, es muss fast unmenschlich sein, was den Spielern da zugemutet wird. Auch bei den Deutschen merkt man schleppende Schritte. Der Antritt, er kommt immer nur sehr, sehr selten. Man versucht hier nicht allzu viel tun zu müssen. Aber das ist natürlich leichter gesagt, als getan.

28. MINUTE

Die Deutschen sehen schon ganz schön gezeichnet aus da unten, die Trikots kleben förmlich am Körper, komplett durchgeschwitzt. Und Hugo Almeida ist zwar auf den Beinen, humpelt aber jetzt erst einmal vom Feld. Hoffentlich hat sich der Portugiese, der ja auch bei Werder Bremen schon mal gespielt hatte, da nicht ernsthafter verletzt.
... Portugal muss austauschen. Hugo Almeida geht zur Bank und Éder steht bereit.

32. MINUTE

Was für eine Erlösung für die deutsche Mannschaft! Das 2:0!

Mats Hummels macht es, der Verteidiger, per Kopf, nach der ersten Ecke, schraubt sich hoch, wuchtet seinen mächtigen Körper in die Luft. Bedrängt von zwei Portugiesen kommt er zum Kopfball. Und das ist ein Kopfball wie ein Geschoss, der da im Tor einschlägt, unhaltbar für Luis Patricio.

Das 2:0 nach dieser Ecke und die deutsche Mannschaft hätte schon eine Minute vorher dieses 2:0 machen können, nach einem klasse Konter über den rechten Flügel, als Özil im Sechzehner war, quer passte auf Götze, der kam frei zum Schuss, und dann rauschte noch ein Abwehrspieler heran, konnte den Ball abfälschen, der ganz knapp am Tor vorbeiging. Und die Ecke, die anschließende, brachte dieses 2:0. Und jetzt heißt es erst einmal ein bisschen durchschnaufen. 32. Minute, offiziell von der FIFA bestätigt. Mats Hummels, mit dem Tor, seinem insgesamt dritten in der Nationalmannschaft. Also, das war natürlich schon mal ne ganz, ganz wichtige Geschichte.

`37. MINUTE`

Platzverweis für Portugals Verteidiger Pepe nach einem angedeuteten Kopfstoß gegen Thomas Müller.

Die beiden waren da im Laufduell, der Portugiese fuhr den Arm aus, traf den Deutschen im Gesicht mit der Hand, das war nicht schlimm. Aber Müller ging zu Boden, hielt sich das Gesicht, wurde dann von Pepe attackiert, der ging auf ihn zu, wollte ihm Schauspielerei unterstellen. Das Spiel war noch gar nicht unterbrochen. Der Schiedsrichter hatte weiterlaufen lassen. Und dann standen sie sich Auge in Auge gegenüber, und der Portugiese muss wohl ein bisschen einen Kopfstoß gemacht haben. So zumindest hat es Schiedsrichter Masic aus Serbien entschieden, hat sofort die Rote Karte gezückt, jetzt gibt es Freistoß für die deutsche Mannschaft, nach dieser Szene. Der Ball war, wie gesagt, ganz woanders.

`45. MINUTE +1`

Jogi Löw kann zufrieden sein mit dieser ersten Halbzeit seiner Mannschaft. Es war keine überragende Vorstellung, das muss man deutlich sagen. Nicht so ein Feuerwerk, wie es die Holländer gegen die Spanier abgezogen haben. Aber das konnte man auch nicht erwarten bei diesen wirklich tropischen Temperaturen. Auf dem Rasen in der Sonne weit mehr als 40 Grad. 80% Luftfeuchtigkeit.
Und die deutsche Mannschaft führt mit 2:0, haben die Chance jetzt vielleicht zu kontern über Götze, der auf Khedira, und der nimmt den Ball auf den rechten Flügel, da ist Özil gestartet. Der Ball tippt zweimal auf in Richtung rechte Eckfahne. Özil kann ihn noch erlaufen, hat ihn jetzt am linken Fuß. Contrão stellt ihn zum Zweikampf und Özil trabt, spielt dann zurück auf Philipp Lahm, den Kapitän, vor den Sechzehner,

und der zurück auf Boateng. Und der dann quer auf Hummels, der machte das 2:0, per Kopf, das war vielleicht schon die Entscheidung nach gut einer halben Stunde.

Die deutsche Mannschaft lässt den Ball jetzt laufen, die Portugiesen sind mit einem Mann weniger auf dem Feld. Jetzt Lahm angespielt, schon an der rechten Grundlinie, flankt in die Mitte. Da ist Höwedes, der gewinnt das Kopfballduell, aber kann den Ball nicht in die Mitte hineinbringen. Stattdessen nochmal Deutschland mit Toni Kroos, der flankt in die Mitte, auf Müller und der schießt.

Und das

Toooor!

3:0,

vom Elfmeterpunkt
mit dem linken Fuß.
Das ist die Entscheidung.

In der Nachspielzeit dieser ersten Halbzeit. Und unten an der Bank der deutschen Mannschaft umarmen sie sich alle. Thomas Müller macht sein zweites Tor in diesem Spiel.

Das haben sie gut ausgespielt hier, weil die Portugiesen natürlich jetzt einen wichtigen Mann weniger haben da hinten drin; Pepe, der Innenverteidiger von Real Madrid, wegen eines Kopfstoßes gegen Thomas Müller des Feldes verwiesen, nach 37 Minuten. Und wie abgewichst – entschuldigen Sie mir bitte diesen Ausdruck - hat der Thomas Müller das gemacht nach der Flanke von Toni Kroos.

Da war eigentlich Bruno Alves dran, der Innenverteidiger, wollte den Ball rausspielen. Stattdessen spitzelt ihm der Thomas Müller diesen Ball vom Fuß. Und dann aus der Drehung, mit dem linken Fuß vom Elfmeterpunkt, schießt dann Richtung Tor. Rui Patricio, der Torhüter, kriegt zwar noch den rechten Fuß dran, aber kann nicht verhindern, dass der Ball im Netz einschlägt.

... Und dann ist abgepfiffen. Deutschland führt zur Pause 3:0 bei wirklich extremen Temperaturen in Salvador. **Das sieht aus nach einem gelungenen Start in diese Fußballweltmeisterschaft.**

2. HALBZEIT

53. MINUTE

Wenn einer in der deutschen Mannschaft heute ein Schwachpunkt ist,
dann ist das Mesut Özil, der hat schon im ersten Durchgang wenig Pässe
zum Mitspieler gebracht und er hat im zweiten ebenfalls eben eine
Chance liegen lassen, als er angespielt war, frei im Sechzehnmeterraum,
auf den Torwart zulief, aber den Ball nicht an Rui Patricio vorbei-
brachte. Und auch seine Körpersprache ist nicht so, als wäre er hier in
der Lage, der deutschen Mannschaft sehr zu helfen. Und insofern die
Frage: Wann wird Joachim Löw hier auswechseln?

63. MINUTE

Unten steht André Schürrle, wird sicher gleich in die Partie hineinkommen als erster deutscher Auswechselspieler. Bin gespannt, wen der
Bundestrainer für ihn vom Feld herunternehmen wird.
Am linken Flügel Götze gegen Verteidiger Perreira. Da nimmt er das
Dribbling nicht auf, Ballbesitz, auch wichtig, in so einer Szene. Kräfte
schonen, nicht zu viel tun. Dann Zusammenspiel mit Höwedes, schade,
der verstolpert ein bisschen, da bleibt der Ball liegen.
… Dann ist der Ball im Aus und es gibt den Wechsel. **Mesut Özil, der
sicherlich der schwächste im deutschen Offensivtrio gewesen ist, schleicht jetzt ein bisschen deprimiert vom Feld.
Es war nicht sein Tag.** Er hatte die ganz dicke Chance auf 4:0 zu erhöhen in der 51. Minute, hat das relativ schlampig vergeben, als er den
Ball lässig mit dem linken Fuß am Torwart vorbei spielen wollte. Jetzt
kommt er vom Feld, für ihn kommt André Schürrle beim Stand von 3:0.

65. MINUTE

**„Portugal, Portugal", gibt es Sprechchöre hier im Stadion.
51.000 Zuschauer sind da. Das ist so ein bisschen Aufmun-
terung, nachdem die Portugiesen 0:3 hinten liegen und den
zweiten Spieler verloren haben.** Erst Pepe, der Innenverteidiger,
mit Roter Karte, jetzt eben Fabio Coentrão, ebenfalls Champions-
League-Sieger von Real Madrid, mit einer Adduktorenverletzung auf
einer Trage vom Feld gebracht. Das ist natürlich eine erhebliche Schwä-
chung für die Mannschaft. Und die deutsche kann das Spiel verwalten.

75. MINUTE

Es ist wieder ein bisschen hektisch geworden hier im Stadion. Die Portugiesen wollten einen Elfmeter, weil Éder da im Zweikampf mit Boateng zu Fall kam, aber keinen Elfmeter bekommt. **Deutschland hat eine Schrecksekunde zu überstehen gehabt eben, als Mats Hummels umknickte nach einem Kopfballduell, vom Feld musste. Für ihn ist jetzt Shkodran Mustafi in der Partie, spielt Rechtsverteidiger, Boateng rückt dafür in die Mitte.** Deutschland kommt über den linken Flügel mit Götze, der läuft sich fest. Und wenn Sie dieses Pfeifkonzert im Hintergrund hören, dann wissen Sie, dass doch die Mehrheit der Zuschauer hier den Portugiesen die Daumen drückt. Vielleicht wollen sie auch nur, dass es ein bisschen, ein bisschen spannender noch mal wird in dieser Endphase. Also, ich glaube die Entscheidung vom Schiedsrichter in diesem Falle war richtig. Es war das lange Bein von Höwedes im Zweikampf mit Éder. Aber es war für mich nicht zu erkennen, dass er da klar den Gegner gespielt hatte.

Thomas Müller feuert noch mal die Mannschaftskollegen an, motiviert die da noch ein bisschen, konzentrierter zu sein. Das ist ein echter Gewinnertyp, der Thomas Müller, der strahlt auch diese Siegermentalität aus. Mit jeder Faser seines Körpers, nicht zuletzt deswegen hat er heute auch zwei Tore geschossen.

`78. MINUTE`

Es müllert in der deutschen Fußballnationalmannschaft.

Thomas Müller trägt die 13 auf dem Trikot zu Recht. Wie weiland Gerd Müller, sein drittes Tor bei diesem WM-Spiel hier heute, das 4:0, vorbereitet von André Schürrle. Der lief mit dem Ball am Fuß von rechts in den Sechzehnmeterraum hinein, passte von der Grundlinie zurück, Torhüter Patricio war da, ließ den Ball aber nur abklatschen und Thomas Müller mit seinem Torriecher war da am Fünfmeterraum, hat das so irgendwie erahnt, warf sich hinein. Und aus der Drehung stocherte er den Ball hinein ins Tor. Der kullerte zum 4:0 über die Linie. Und das ist sicherlich jetzt auch hochverdient, denn die deutsche Mannschaft hatte gute Chancen zu erhöhen.

Es steht in Salvador

4:0.

Quelle: Auszug aus der Live-Radioreportage vom 16.6.2014, Reporter·Alexander Bleick, produziert vom Südwestrundfunk im Auftrag der ARD–Radio–Programme

82. MINUTE

Die ganz große Hitze ist weg. Und ein bisschen ist jetzt auch die Luft raus aus diesem Spiel. Die deutsche Mannschaft verwaltet das 4:0, hat Lukas Podolski gebracht für den dreifachen Torschützen Thomas Müller, der jetzt auch Erster in der Torschützenliste ist, nach diesem ersten Spiel schon. Die Deutschen jetzt mit Lukas Podolski am linken Flügel, dafür rückt Götze dann in die Zentrale nach.

Ein „Oh, wie ist das schön" skandieren die deutschen Fans, ein paar Tausend sind es hier.

Ich schätze mal sieben- bis achttausend, die bestimmt hier mit im Stadion sind. Die sehen, wie die Portugiesen noch mal kommen mit Cristiano Ronaldo, ein, zwei Übersteiger, zackige Bewegungen da, verfolgt von Khedira, spielt dann auf den linken Flügel, auf Almeida, der versucht die Flanke. Aber wieder mal ist der Kapitän dazwischen. Philipp Lahm hat das erahnt, den Ball abgefangen, auf Kroos weitergegeben und der dann auf Podolski.

90. MINUTE

Ruhig und entspannt, das Kinn aufgestützt auf dem Arm, sitzt Joachim Löw da unten auf seiner Trainerbank und schaut dem Treiben seiner Mannschaft hier in der letzten Spielminute zu. 4:0, das ist ein souveräner Start in dieses Turnier, nachdem es vorher ja so viele Fragezeichen um die Fitness bei einigen Stammspielern gegeben hat, wo die deutsche Mannschaft Ausfälle personeller Art verkraften musste. **Ohne Marco Reus, der hat nochmal getwittert vor dem Spiel: „Viel Glück, Jungs", hat er ihnen geschrieben von seinem Urlaub auf Kreta.** Und sie haben dieses Glück nicht einmal benötigt, denn die deutsche Mannschaft war überlegen in dieser Partie gegen Portugal.

90. MINUTE +2

Jetzt noch einmal Freistoß für Portugal in der Nachspielzeit.
Cristiano Ronaldo, 30 Meter, Neuer! Das war die erste richtig gute Aktion von Ronaldo in diesem ganzen Spiel. Und dafür braucht er fast 92 Minuten, ansonsten eine Enttäuschung, wie so oft, wenn es gegen Deutschland geht. Dann verliert er und dann trifft er nicht. Aber das war mal gut gemacht. Ein Freistoß, wie ein Strich. Und Manuel Neuer zeigt mal wieder, dass er wieder in Topform ist, hat diesen Ball klasse pariert.
Zwei Minuten Nachspielzeit waren angezeigt, 30 Sekunden werden es noch sein. Die Deutschen haben den Ball durch den eingewechselten Lukas Podolski auf der linken Seite, der verliert ihn aber. Einwurf noch einmal für Portugal. Und wir können ein bisschen resümieren: Es war keine ganz überlegene, oder keine ganz großartige Vorstellung von der deutschen Mannschaft, aber eine souveräne. Sie wurde nicht bis ins letzte Ende gefordert von Portugal, dafür waren die Portugiesen zu schwach. Und – das allerdings müssen wir sagen - ein paar Fragezeichen gibt es, denn Mats Hummels hat sich verletzt bei einem Zusammenprall im Mittelfeld, musste vom Feld. Hoffentlich nicht schwerer verletzt am Knie. Jetzt ist Schluss, und es steht fest: Die deutsche Mannschaft gewinnt ihr Auftaktspiel mit 4:0. Mats Hummels humpelt, aber beglückwünscht den Mann des Abends, das ist Thomas Müller, mit drei Toren Führender in der Torschützenliste nach diesen ersten fünf Tagen bei der Fußballweltmeisterschaft.

ALEXANDER BLEICK IN SALVADOR

Das Match war das erste am Spielort Bahia. Die zahlreich aufgebotenen freiwilligen Helfer und Polizisten auf den Zufahrtsstraßen zum Stadion präsentierten sich hoch motiviert, aber ziemlich ahnungslos. Da auch unserem Fahrer im Pressebus noch die Routine im Umgang mit der für die WM geänderten Verkehrsführung fehlte, war es schnell passiert: Ein Hinweisschild vorschnell passiert und schon nahm das Unheil seinen Lauf. Es folgten Diskussionen mit Sicherheitskräften an einer Straßensperre, ein Abbiegen in eine Seitenstraße, weitere Absperrungen und immer neue, vergebliche Versuche, sich im Gewirr der immer kleiner und enger werdenden Straßen dem Stadion zu nähern. Irgendwann war Schluss. Es ging weder vor noch zurück. Nach 20 Minuten ohne nennenswerten Raumgewinn lagen die Nerven blank. Also raus aus dem Bus und rein in die Schlangen der Fans, die sich aus U-Bahn-Schächten in Richtung Arena schoben. Das Ganze in der sengenden Sonne Bahias bei fast 40 Grad, beladen mit Laptop, Aufnahmegerät, Mikrofonen und Kabeln. Schnell wuchs die Sorge, wohlmöglich den Anpfiff zu verpassen. Irgendwann war es endlich doch geschafft und ich auch: Ausgelaugt und ausgewrungen schon vor dem Spiel.

ZWEITES
GRUPPENSPIEL

DEUTSCHLAND – GHANA

2 : 2

IN FORTALEZA
GUIDO RINGEL

ANSTOSS:
21.06.2014, 21:00 Uhr

STADION:
Estadio Castaleo, Fortaleza

ZUSCHAUER:
59.621

DEUTSCHLAND – GHANA

AUFSTELLUNG

Manuel Neuer	Fatawu Dauda
Jerome Boateng	Harrison Afful
Per Mertesacker	John Boye
Mats Hummels	Jonathan Mensah
Benedikt Höwedes	Kwadwo Asamoah
Philipp Lahm	Mohammed Rabiu
Sami Khedira	Sulley Muntari
Toni Kroos	Christian Atsu
Mesut Özil	André Ayew
Mario Götze	Asamoah Gyan
Thomas Müller	Kevin-Prince Boateng

WECHSEL

46. Min.: Shkodran Mustafi für Boateng	52. Min.: Jordan Ayew für Boateng
69. Min.: Miroslav Klose für Götze	72. Min.: Mubarak Wakaso für Atsu
70. Min.: Bastian Schweinsteiger für Khedira	78. Min.: Emmanuel Agyemang Badu für Rabiu

TRAINER

Joachim Löw   James Appiah

SCHIEDSRICHTER

Sandro Ricci (Brasilien)

KARTEN

-    Muntari (Gelb)

SPIELER DES SPIELS

Mario Götze

„Willkommen im Klub!"

Tweet auf Deutsch
von Ronaldo an Klose

„20 WM-Spiele und 15 Kisten ist so schlecht nicht."

Miroslav Klose

TORSCHÜSSE

Deutschland | Ghana

TORCHANCEN

Deutschland | Ghana

BALLBESITZ

Deutschland | Ghana

62% | 38%

ZWEIKAMPFQUOTE

Deutschland | Ghana

53% | 47%

GEFOULT WORDEN

Deutschland | Ghana

15 | **11**

ECKENVERHÄLTNIS

Deutschland | Ghana

7 | 3

ABSEITS

Deutschland | Ghana

1 | 5

PASS-STATISTIK

MEISTE PÄSSE VON/ZU

Hummels → Kroos (22)
Deutschland

Asamoah → Mensah (16)
Ghana

BESTE PASSQUOTE

Mertesacker 92%
Deutschland

Boye 83%
Ghana

GESPIELTE PÄSSE

Deutschland **625**
Ghana **371**

ANGEKOMMENE PÄSSE

Deutschland **539**
Ghana **287**

FEHL-PÄSSE

D **86**
G **84**

PASSQUOTE

Deutschland   Ghana

86% | 77%

TOP-LAUFLEISTUNG

12,224 km
Müller
Deutschland

11,190 km
Muntari
Ghana

TOP-GESCHWINDIGKEIT

32,90 km/h
Mustafi
Deutschland

30,89 km/h
Asamoah
Ghana

DIE MEISTEN SPRINTS

63
Müller
Deutschland

55
Afful
Ghana

1. HALBZEIT

11. MINUTE

Fast, aber nur fast die erste deutsche Chance in diesem Spiel. Es steht 0:0 zwischen Deutschland und Ghana. Aber der steile Pass in den Lauf von Mesut Özil, der war fast angekommen, er war nur einen Tick zu schnell, und deswegen konnte Dauda, der Keeper von Ghana, dem Ball entgegen- gehen und Özil hatte keine Möglichkeit, da noch rechtzeitig ranzugehen und irgendwie einen Torschuss anzubringen.

Die deutsche Mannschaft, ich will nicht sagen verhalten, aber nicht mit der notwendigen Sicherheit und auch nicht mit dem Kombinationsspiel aus der Partie gegen Portugal, um hier in den ersten zehn Minuten Ghana ernsthaft in Bedrängnis zu bringen. **Die beste Chance des Spiels hatten sogar die Afrikaner in der siebten Minute, als von der rechten Seite Ayew bedient wurde, beziehungsweise Asamoah Gyan war es und der konnte dann allerdings seine Möglichkeit nicht nutzen.**

Götze jetzt, schön abgelegt auf die rechte Seite auf Mesut Özil. Wer hilft in der Mitte? Kroos ist da, Müller zeigt an, will bedient werden. Özil spielt erst einmal flach zurück. Khedira ist da, wieder rausgegeben auf rechts, auf Özil. Vielleicht sollte der es mal eins gegen eins versuchen. Keine Abseitsposition von Götze. Schön zurückgelegt, Müller in der zentralen Position, Hackentrick, Schusschance für Kroos. Aber er scheitert an einem Spieler von Ghana, der sich in den Ball hineinwirft und abwehren kann. 0:0, aber die deutsche Mannschaft wird besser. Wieder Hackentrick von Götze, aber da haben sie aufgepasst in der Hintermannschaft und da können die Ghanaer sofort wieder den nächsten Angriff einleiten. Sie sind schnell unterwegs, sind technisch versiert, haben eine körperliche Robustheit und Deutschland muss dagegensetzen, muss es mit spielerischen Mitteln lösen, weil auch der vierfache Afrikameister, weil Ghana in der Defensive als anfällig gilt. Da fehlt oft die Disziplin. Deutschland muss nachsetzen, fußballerisch, versucht das jetzt durch Özil, der wird gefoult. Es steht 0:0 in Fortaleza.

... Ich finde, Ghana ist das bessere Portugal. Wenn alle davor gewarnt haben, dass Portugal der schwerste Gegner in der Gruppe sein würde: Diese Ghanaer, der vierfache Afrikameister, macht hier einen guten Eindruck, weil er hinten ordentlich steht und der deutschen Mannschaft das Leben schwer macht. Die haben Schwierigkeiten hier ihren Kombinationsfußball aufzuziehen.

24. MINUTE

Es scheint was nicht zu stimmen in der deutschen Abwehr, denn es macht sich Mustafi warm. Und das werten wir als Indiz, dass eventuell ein Mats Hummels doch nicht durchspielen kann, oder auch Boateng, der teilweise ein bisschen an der Leiste behandelt werden musste, aber es gibt noch nichts Definitives.

... Die deutsche Mannschaft ganz in Weiß vor 65.000, naja, ein paar Plätze sind leer geblieben, vor vielleicht 64.000, mit dem nächsten Angriff. Über Khedira, der noch nicht so richtig ins Spiel gefunden hat, finde ich, weil er dem Ball oft hinterherläuft und sich auch einige Abspielfehler erlaubt hat. Kroos, der so viel Lob bekommen hat nach dem Portugal-Spiel, weil er ruhig gelenkt hat und geführt hat. Und dann der Fehlpass von Khedira. Ghana geht dazwischen, kann vielleicht den nächsten Angriff aufbauen. Die haben schon zwei Möglichkeiten sich herausspielen können nach schnellen Konteraktionen durch Gyan, den Kapitän, und auch durch Atsu, haben aber jeweils die Möglichkeit nicht nutzen können.

Deutschland jetzt mit dem Forechecking, Götze auf der rechten Seite geht dazwischen, hat sich den Ball erobern können. **Kroos muss nachsetzen, verliert den Ball wieder. Es ist kein schönes Spiel, aber ein kämpferisches.**

30. MINUTE

Es gibt Einwurf für die deutsche Mannschaft, die noch nicht so drin ist in diesem Spiel, weiterhin auch nach 30 Minuten nicht. **Der Ball rollt zwar in den eigenen Reihen, 60% Ballbesitz Deutschland, nur 40 Ghana, aber es kommt eben nichts Nennenswertes dabei heraus.** Kroos, 11. Minute ganz ordentlicher Schuss, Müller, nach einem feinen Zuspiel später in der ersten Halbzeit von Özil, stolpert so ein bisschen über die eigenen Beine, als dass es da eine gute Möglichkeit hätte geben können. Und auch Neuer musste schon einmal eingreifen. Beim Schuss von Gyan noch nicht, der ging über das Tor, aber beim Schuss dann von Atsu war Neuer gefordert. Und er stand dann zentriert, genau da, wo er sein musste, konnte also Schlimmeres verhindern.

35. MINUTE

Die deutsche Mannschaft sorgt für zusätzliche Schweißausbrüche auf der Stirn der Fans, denn sie spielt nicht gut und lässt Chancen von Ghana zu. Jetzt mal die Möglichkeit eines guten Anspiels von Khedira, aber es bleibt bei der Möglichkeit, denn das Zuspiel auf Müller da hinten links ist alles andere als präzise, da kann Ghana dazwischen gehen. Und davor gab's die große Möglichkeit von Muntari in der 32. Minute. Der Schuss aus 20 Metern und Neuer war erneut gefragt, dem Ball da entgegenzugehen. Der Schuss von Muntari vom AC Mailand, der hatte richtig Dampf drin. Aber Neuer konnte parieren.

Hinten macht Deutschland keinen guten Eindruck und nach vorne geht wenig. Kaum Kombinationen, einige Fehlpässe. Es läuft nicht bei Deutschlands besten Fußballern, auch nicht nach 35 Minuten.

44. MINUTE

Es geht über die rechte Seite, über den bislang starken Christian Atsu
von Vitesse Arnheim in den Niederlanden. Einwurf für Ghana. Wir
haben nur noch 45 Sekunden in der ersten Halbzeit. Und die Kopfballmöglichkeit für Ghana, aber der geht über das Tor. Aber Eckball sagt der
Schiedsrichter. Eine Minute wird übrigens draufgepackt, sodass wir
jetzt ingesamt noch 90 Sekunden vor uns haben. Und es gibt die erste
Ecke für Ghana, den nur 38. der Weltrangliste. Zur Orientierung:
Deutschland liegt auf Platz zwei und ist auch deswegen der Favorit in
diesem Spiel. Aber abgesehen von ein bisschen mehr Ballbesitz in dieser
Partie hat die deutsche Mannschaft sich keine großartige Überlegenheit
herausspielen können, obwohl es ja genau die gleiche Elf ist, die ja auch
schon gegen Portugal so gezaubert hat.
Jetzt der Eckball für Ghana. Ghana ganz in Rot gekleidet von der
linken Seite. Hoffentlich eine aufmerksame Innenverteidigung bei
der deutschen Mannschaft.

Ball ist unterwegs, Neuer raus, hat Schwierigkeiten, Möglichkeit zum Nachschuss von Atsu, erst mal abge- blockt, Ghana setzt nach, kein Abseits. Immer noch Ballbesitz für die Afrikaner. 50 Sekunden noch in dieser ersten Halbzeit. Jetzt muss man schon zittern um die deutsche Mannschaft, dass sie keinen Gegentreffer frisst.

Oh, der ist viel zu frei da in der Mitte. Möglichkeit für Ghana, Schuss ist da, am Tor vorbei.

Gefällt mir nicht, was die DFB-Auswahl da anbietet. Das ist zu wenig.

2. HALBZEIT

51. MINUTE

Auf der rechten Seite Müller, der da einen sucht, den er anspielen kann. In der Mitte Lahm per Kopf.

Nein, nicht Lahm,
Götzeeeeeeeeee!
Mit dem Tor zum 1:0.
Aus dem Nichts.

oor!

`52. MINUTE`

Deutschland führt 1:0. Götze!

Und jetzt muss unterbrochen werden, weil ein Flitzer da ist, offensichtlich ein Ghana-Fan. Der rennt zu auf die Roten, verbrüdert sich mit ihnen und wird jetzt vom Kapitän der Ghanaer vom Spielfeld geführt. Kein Ordner, der sich zuständig fühlt, um da mal einzugreifen.

Der Flitzer sorgt für die Diskussionen, aber klar ist auch, dass Deutschland führt durch dieses Tor von Götze in der 51. Minute.

Müller auf der rechten Seite war ausgewichen nach außen, hat dann den Flankenball und das Auge für Götze in der Mitte. Halbhoch der Ball, schwierig anzunehmen, Götze köpft, trifft den Ball aber nicht richtig, köpft sich selbst an, der Ball landet auf seinem Oberschenkel und dann geht er ins Tor hinein.

… In der Viererkette mussten sie umstellen. Boateng raus, verletzungsbedingt, Shkodran Mustafi rein. Das bringt natürlich nicht diese Selbstsicherheit und Ruhe, die man vielleicht braucht, aber aus dem Nichts war er dann da, der Führungstreffer, 1:0, Götze, 51., und plötzlich ist die Welt wieder eine gute für die deutsche Fußballnationalmannschaft und vor allem für die Fans, die hier in den weißen Trikots vielzählig anzutreffen sind in Fortaleza, und die jetzt feiern.

`54. MINUTE`

Tor für Ghana!

Tor für Ghana!

Der Ausgleich: Andrew Ayew.

Die Freude über das Führungstor der deutschen Mannschaft währte nur drei Minuten. Dann gibt's den Ausgleich durch Ayew. Ghana kommt zurück in die Partie. … Flanke von der rechten Seite und dann der Kopfball von Ayew. Neuer fliegt und fliegt und macht sich lang, aber er kommt nicht mehr ran. Weil Shkodran Mustafi den Kopfball nicht verhindern kann. Mustafi, der eingewechselt worden ist für Boateng in der Pause. Prompt der Stellungsfehler und Ayew in dieser 55. Minute per Kopf mit dem Ausgleichstreffer. Die deutsche Mannschaft macht viel falsch und muss jetzt sehen, dass ihr das Spiel nicht aus den Händen gleitet.

`63. MINUTE`

Und da kommt Ghana. Da ist plötzlich die freie Fahrt für Gyan und der trifft ins Tor!

Ghana führt 2:1 – das gibt's doch gar nicht.

Die Afrikaner führen mit 2:1! Asamoah Gyan, ihr Kapitän, lief da durch nach einem Abwehrfehler der deutschen Mannschaft. Klug gespielt von Ghana und dann hat er die Chance genutzt, halbhoch an Manuel Neuer vorbei.

Die deutsche Mannschaft steht hinten überhaupt nicht sicher, leistet sich viel zu viele Stellungsfehler und Ghana ist in der Lage, diese zu nutzen. Nach dem Führungstreffer durch Götze kommt jetzt Ghana zurück ins Spiel, führt nach den Toren von Ayew und Gyan mit 2:1.

69. MINUTE

Ghana spielt sich in einen Rausch, denen gelingt fast alles, während die deutsche Mannschaft da steht und gar nicht weiß, wie ihr geschieht und keine Idee hat, wie sie es ändern kann. Vielleicht bringen die Wechsel was, die jetzt endlich mal erfolgen müssen. Schweinsteiger und Klose stehen da schon seit Minuten und kommen nicht rein, weil auch der vierte Offizielle mit seinem Täfelchen da irgendwelche Probleme hat. Jetzt der erste Wechsel. Götze, der Torschütze, raus, dafür Miroslav Klose als echte Spitze rein. Und Schweinsteiger steht bereit, wird gleich kommen, voraussichtlich für Khedira, ist mein Tipp, aber genau weiß man es nicht.

Ghana führt mit 2:1, und die Brasilianer, die neutralen Zuschauer, sind längst auf die Seite der Afrikaner gerückt und feuern sie an und freuen sich über jeden Ballbesitz und jeden Ballgewinn, den Ghana hier in eine gefährliche Situation ummünzen kann. Tatsächlich jetzt auch Khedira raus, Schweinsteiger rein, also so, wie wir es vermutet hatten. Der Mann von Real Madrid, Sami Khedira, enttäuschend für mich heute, ohne jegliche Ausstrahlung. Viele sollen sich an ihm orientieren im Mittelfeld, das hat er überhaupt nicht zustande gebracht.

`71. MINUTE`

Vielleicht brauchen sie sogar eine Standard-situation, um hier noch das Ganze umdrehen zu können. Ghana führt 2:1.

Kopfballmöglichkeit, Tor für Deutschland! Miro Klose,

Wahnsi

Der alte Mann ist da und trifft!

iiiiiiiinn!

2:2!

73. MINUTE

Fast, aber eben nur fast der Führungstreffer für die deutsche Mannschaft. Kopfball von Höwedes und der geht dann knapp vorbei. Aber das war die nächste Standardsituation, die Gefahr bedeutet.

2:2 in diesem Spiel in Fortaleza, in dem allen hier der Schweiß läuft. Und das betrifft nicht nur die Spieler, sondern auch die Zuschauer, weil alle mitgehen und mitfiebern.

Ein packendes WM-Match. **Götze mit der Führung, Ausgleich durch Ayew, Führung für Ghana durch Gyan und dann Klose mit dem Ausgleichstreffer, Rekord-WM-Torschütze jetzt zusammen mit Ronaldo, dem Brasilianer.** Hier in Fortaleza ist was los, 2:2.

77. MINUTE

2:2 in Fortaleza, aber jetzt eine Chance für die deutsche Mannschaft. Freistoßsituation, Torentfernung vielleicht so 24 Meter. Da stehen natürlich welche, die es können mit Schweinsteiger, mit Kroos, mit Özil und auch Müller. Vier Mann um den Ball, das Spray ist zum Einsatz gekommen, die Mauer ist justiert. Möglichkeit für Kroos, der läuft drüber, Müller ebenfalls, Schweinsteiger schießt – und trifft nicht, drüber. Vier Mann drüber über den Ball und dann der Schuss von Schweinsteiger, aber alle Irritationen umsonst, denn der Ball war nicht gut genug. … Deutschland ist wieder da, zeigt Präsenz, zeigt eine breite Brust und eben auch ein bisschen mehr Sicherheit im Spiel. Wichtig natürlich, mindestens einen Punkt für Deutschland hier zu holen, damit es am Ende gegen die USA nicht noch mal einen ganz großen Krimi und vielleicht das Schwimmen gibt.

82. MINUTE

Freistoß für Deutschland, Freistoß allerdings aus dem Mittelfeld, das wird nichts mit einer direkten Versuchsanordnung hier. Diese deutsche Mannschaft ist wieder drin im Spiel nach dem Treffer von Klose. Unentschieden, wäre kein furchtbar schlimmes Ergebnis, aber Özil kann vielleicht noch mehr draus machen, Lahm per Hackentrick. Aber da hätte er vielleicht lieber selbst schießen sollen, statt diesen Hackentrick anzubieten. … Hier ist nichts entschieden, nicht nur aufgrund des Spielstandes, sondern weil beide Mannschaften auch einen durchaus weiterhin offensiven Eindruck machen. Deutschland vielleicht ein bisschen abgeklärter jetzt, ein bisschen souveräner in den letzten Minuten, aber Ghana immer wieder gefährlich, weil sie auch noch Kraft haben und in der Defensive nicht so schwimmen, wie man das vielleicht in der Schlussphase der Partie erwarten konnte.

Und jetzt der nächste Konter von Ghana, die kommen über den Torschützen, über Andrew Ayew, auf der rechten Seite, hat nur noch Höwedes vor sich, der ist ein bisschen hüftsteif. Ayew versucht es direkt, Neuer ist da, holt sich den Ball in dieser 83. Minute.

85. MINUTE

Deutschland könnte hier in Führung liegen. Das ist aber nicht der Fall, noch immer 2:2. Aber was für ein toller Pass aus dem Mittelfeld in den Lauf von Müller, der war frei und hatte schon das 3:2 auf dem Fuß, aber ist im letzten Moment noch gestört worden. Der Ball wurde ihm vom Fuß genommen, gespitzelt, und deswegen ist aus dieser großartigen Tormöglichkeit kein Tor entstanden. Deutschland aber in Ballbesitz, kommt über die rechte Seite. Schweinsteiger hat sich als Verstärkung erwiesen, im Vergleich zu Khedira, ordnet die Dinge mehr im Mittelfeld. Das verleiht ein bisschen Stabilität, aber Ghana ist auch immer wieder gefährlich mit Kontersituationen. Es gilt weiterhin die Konzentration hoch zu halten, trotz der Temperaturen.

Özil mal, durch die Mitte, da ist wieder Schweinsteiger, noch mal Özil, könnt's vielleicht direkt versuchen, der Ball kommt nach innen, abgewehrt! Müller war da, Klose war da, alle waren da, aber keiner kommt ran. Ghana geht dazwischen.

Rrrrgggh! Da ist also kein Tor draus geworden, aber immerhin ein Eckball.

Eine Standardsituation hat ja auch das Tor gebracht für die deutsche Mannschaft durch Klose in der 71. Minute. Und jetzt ist Kroos wieder da mit der Ecke von der linken Seite. Wechseln können sie nicht mehr, die Deutschen. Kroos – der Ball kommt nach innen, Ghana wehrt ab. …

Es bleibt festzuhalten: Wir haben hier ein 2:2 und nur noch dreieinhalb Minuten. Das kann ja lustig werden.

`89. MINUTE`

Die Nacht bricht herein über Fortaleza. Die Fledermäuse sind schon da, aber sie sind zu früh, es wird noch gespielt.

Und Klose ist da mit der Chance! Und er schießt am Tor vorbei.

Es bleibt beim 2:2 in dieser packenden Schlussphase, in der beide Mannschaften großartige Möglichkeiten haben. Ghana immer wieder gefährlich mit Weitschüssen und jetzt Klose mit dieser Chance aus 15 Metern, trifft den Ball nicht so hundertprozentig und deswegen geht er am Tor vorbei.

90. MINUTE

Drei Minuten Nachspielzeit, die in diesem Moment beginnen. Klose in der Mitte, will den Ball haben, kommt nicht ran, muss ihn sich selbst holen. Hat das erfolgreich gemacht, in der Mitte ist Schweinsteiger. Er spielt erst noch mal nach außen, gut gesehen. Mustafi mit der Flanke, Ball kommt nach innen. Fast ein Eigentor. Aber erst einmal gerettet durch Jonathan für Ghana. Eckball für die deutsche Mannschaft. Das ist natürlich eine Angelegenheit für Toni Kroos, der schon mit seinem Eckball von links vorhin das Tor von Klose einleiten konnte. Und jetzt geht es über rechts. ... **Der Ball wird noch mal vom Linienrichter, vom Schiedsrichterassistenten korrigiert, muss anders hingelegt werden. Die deutschen Fans beten zum Himmel, dass das noch was wird. Der Ball ist in der Luft. Wo ist die Kopfballmöglichkeit? Nachschusschance.** Özil wird behindert. Nein, sagt der Schiedsrichter, weiter geht's. Und jetzt plötzlich die Kontersituation für Ghana, 3:2, weil sie nicht schnell genug umgeschaltet haben, die Deutschen. Die wollten alles. Möglichkeit, keine Abseitsposition. Doch! Doch, Abseits. Aber nur mit viel, viel Genugtuung und einem bisschen einem zugedrückten Auge, was der Schiedsrichterassistent da gesehen haben will. Ich fand, es war kein Abseits, aber die Entscheidung steht.
... Jetzt sind's nur noch 90 Sekunden. Joachim Löw schimpft da, versucht aber seine Mannschaft auch noch mal anzutreiben. Er hat vorhin sogar in der Nase gepopelt vor Aufregung. Den FIFA-Kameras entgeht nichts. Joachim Löw angespannt.
... Die deutsche Mannschaft wirkt schlaff in diesen letzten Minuten. 30 Sekunden Nachspielzeit. Eher geht hier Ghana noch als Sieger vom Platz als Deutschland. Oder? Mertesacker hinten mit gutem Stellungsspiel, holt sich noch mal den Ball. Kroos – das könnte die letzte Aktion werden. Müller, unermüdlich, auf rechts, bietet sich an. Nochmal Özil, allerdings über links. Der nimmt Tempo raus, schaut lieber, dass er den klugen Pass bringen kann. Aber das muss doch ein Foul geben noch mal. Jawohl! Freistoßsituation, Gelbe Karte auch für die Nummer 23 bei Ghana, für Harrison Afful. Und das gibt nochmal in den letzten

Quelle: Auszug aus der Live-Radioreportage vom 21.6.2014, Reporter: Guido Ringel, produziert vom Südwestrundfunk im Auftrag der ARD-Radio-Programme

Sekunden dieser Partie eine Freistoßmöglichkeit für die deutsche Fußball-nationalmannschaft. Das ist die halblinke Position, Torentfernung 25 Meter, rund, das kann was geben. Das kann eventuell hier tatsächlich nochmal eine Tormöglichkeit sein für die Auswahl von Bundestrainer Joachim Löw.
Alle stehen sie bei der Bank und vor der Bank der deutschen Auswahl, die Auswechselspieler, die Betreuer. Alle schauen jetzt auf Kroos, Müller oder Özil. Die drei stehen da, um den Ball gegebenenfalls Richtung Tor zu befördern. Gibt das noch ein Happy-End für die deutsche Fußballnationalmannschaft? 2:2 in der Nachspielzeit von Fortaleza. Es knistert!

Das ist WM! Das ist das Prickeln, das es braucht, um hier ein Turnier zu einem ganz bedeutenden zu machen.

Kroos ist derjenige, der schießen wird. Drei-Mann-Mauer mit dem Spray korrigiert. Kroos mit dem rechten Fuß, Flanke nach innen, Kopfballmöglichkeit, abgewehrt, gibt Nachschusschance – und nicht mehr zugelassen.

Schlusspfiff! Aus! Gibt nichts mehr.

Da sind sogar noch zwei mit den Köpfen zusammengeknallt am Fünfer der Ghanaer. Da muss noch sogar ... oh, Platzwunde ... Platzwunde bei Müller. Ganz schlimm sieht's aus, das Blut läuft. ... Oh, ob der nicht ausfallen wird für's nächste Spiel, für das entscheidende, das wichtige gegen die USA? Liegt benommen am Fünfer der Ghanaer, Thomas Müller, der wichtige Torschütze im Spiel gegen Portugal, muss behandelt werden. Dicke, dicke Platzwunde. Hoffentlich nichts ganz, ganz Dramatisches. ... Jetzt gibt's das Shakehands, und wir konstatieren, wir halten fest: Deutschland gegen Ghana in Fortaleza am Ende ein 2:2.

DRITTES
GRUPPENSPIEL

DEUTSCHLAND – USA

1 : 0

IN RECIFE
MICHAEL AUGUSTIN

ANSTOSS:

26.06.2014, 18:00 Uhr

STADION:

Arena Pernambuco, Recife

ZUSCHAUER:

41.876

DEUTSCHLAND – USA

AUFSTELLUNG

Manuel Neuer	Tim Howard
Jerome Boateng	Fabian Johnson
Per Mertesacker	Omar Gonzalez
Mats Hummels	Matt Besler
Benedikt Höwedes	DaMarcus Beasley
Philipp Lahm	Kyle Beckerman
Bastian Schweinsteiger	Jermaine Jones
Toni Kroos	Graham Zusi
Mesut Özil	Michael Bradley
Lukas Podolski	Brad Davis
Thomas Müller	Clint Dempsey

WECHSEL

46. Min.: Miroslav Klose für Podolski	59. Min.: Alejandro Bedoya für Davis
76. Min.: Mario Götze für Schweinsteiger	84. Min.: DeAndre Yedlin für Zusi
89. Min.: André Schürrle für Özil	

TRAINER

Joachim Löw	Jürgen Klinsmann

SCHIEDSRICHTER

Ravshan Irmatov (Usbekistan)

KARTEN

Höwedes (Gelb)	Gonzalez (Gelb)
	Beckerman (Gelb)

SPIELER DES SPIELS

Thomas Müller

„Den habe ich ausnahmsweise mal so getroffen wie ich wollte – geht also auch!"

Thomas Müller

TORSCHÜSSE
Deutschland   USA

TORCHANCEN
Deutschland   USA

BALLBESITZ
Deutschland   USA

67%   33%

ZWEIKAMPFQUOTE
Deutschland   USA

54%   46%

GEFOULT WORDEN
Deutschland   USA

9   14

ECKENVERHÄLTNIS
Deutschland   USA

3   2

ABSEITS
Deutschland   USA

2   7

PASS-STATISTIK

MEISTE PÄSSE VON/ZU

Mertesacker → Lahm (32)   Beckerman → Bradley (14)
Deutschland   USA

BESTE PASSQUOTE

Mertesacker 94%   Beckerman 94%
Deutschland   USA

GESPIELTE PÄSSE
- Deutschland **754**
- USA **365**

ANGEKOMMENE PÄSSE
- Deutschland **691**
- USA **301**

FEHL-PÄSSE
- D **63**
- U **64**

PASSQUOTE

Deutschland   USA

82% | **92**%

TOP-LAUFLEISTUNG

11,694 km
Lahm
Deutschland

13,084 km
Bradley
USA

TOP-GESCHWINDIGKEIT

31,43 km/h
Özil
Deutschland

32,33 km/h
Bedoya
USA

DIE MEISTEN SPRINTS

52
Özil
Deutschland

59
Bradley
USA

1. HALBZEIT

11. MINUTE

Die deutsche Mannschaft hat hier in den ersten zehn Minuten fast 80% Ballbesitz. Daran erkennt man, dass das Team von Bundestrainer Joachim Löw sofort die Initiative übernimmt. Jetzt gerade mal die Amerikaner mit Kyle Beckerman, mit ihrem Spieler da im defensiven Mittelfeld im Ballbesitz, der Mann mit den Dreadlocks. Eine gute Aktion hat's gegeben von Podolski gerade eben links am Strafraumeck, brachte den scharf vors Tor, aber Tim Howard war da, er macht heute sein 102. Länderspiel für die Amerikaner, hat den Rekord von Kasey Keller, dem früheren Torhüter von Borussia Mönchengladbach, eingestellt.

17. MINUTE

Die Amerikaner versuchen jetzt mit Gonzales und mit Besler, mit ihren Innenverteidigern, ein bisschen Ruhe reinzubringen ins Spiel, aber aggressives Pressing der Deutschen. **Auch Bastian Schweinsteiger schnürt die amerikanischen Abwehrspieler da ungefähr zehn, fünfzehn Meter vor ihrem eigenen Strafraum ein.** Jetzt langer Pass nach vorne, aber Höwedes klärt da vor dem Sechzehnmeterraum der deutschen Elf.

… Jürgen Klinsmann, der US-Coach, hat gesagt: **„Freundschaft ist heute nicht. Heute ist Big Business."** Und bisher hat sein Team den Laden ganz gut im Griff. Es gab noch keine wirklich richtig gute Chance. Am gefährlichsten wurde es einmal im amerikanischen Strafraum in der achten Minute, als Lukas Podolski mit viel Speed, mit viel Tempo über die linke Seite kam und versuchte, den Ball dann scharf vor das Tor von Tim Howard zu bringen, aber der Mann, der auch jetzt gerade wieder am Ball ist, der war dann zur Stelle.

… Noch kein richtig gutes Spiel, demzufolge noch keine Tore: 0:0.

23. MINUTE

Noch keine Tore zwischen Deutschland und den USA, aber Graham Zusi, der Mann, der schon drei Tore vorbereitet hat bei dieser WM, hat der deutschen Elf gerade mal in der 22. Minute einen Wake-Up-Call verpasst: Schuss von der Strafraumgrenze, knapp übers Tor von Neuer.

Das war die beste Offensivaktion. Jetzt sehen wir vielleicht eine von den Deutschen, Boateng mit einer Flanke aus dem rechten Halbfeld, und da geht sofort die Hand zur Entschuldigung hoch. Die Geste gilt Lukas Podolski, der hatte da nämlich auf links außen gewartet und kann an diese schlecht getimte Flanke von Boateng nie und nimmer heran-kommen. Die Deutschen funktionieren noch nicht so gut. Defensiv ja, offensiv gefällt mir das noch nicht.

`32. MINUTE`

Die gute Nachricht: Es hat fast aufgehört zu regnen in Recife, nur noch kleine Bindfäden kommen da vom Himmel runter. Die schlechte Nachricht: Die Amerikaner werden stärker.

0:0 der Spielstand. Und jetzt hören Sie die amerikanischen Fans. Da wird DaMarcus Beasley gefeiert, weil er einen Flankenversuch abblockt von Toni Kroos. Es gibt Einwurf für Deutschland. Also die US-Fans sind mit dem Auftritt ihrer Mannschaft total einverstanden, denn es gab ja auch in der 29. diese Chance … es hätte sie gegeben für Jones, wenn er am Sechzehnmeterraum nicht mit dem Schiedsrichter zusammengeprallt wäre.

`39. MINUTE`

Jetzt Ballbesitz Deutschland, heute ja zum ersten Mal bei dieser WM in den rot-schwarz gestreiften Trikots.
Mertesacker, der Mann aus dem Abwehrzentrum, ist in der gegnerischen Hälfte, spielt den Ball zu Schweinsteiger, der befindet sich im Anstoßkreis, und dann der Pass nach vorne auf den Ballverteiler, auf Toni Kroos. Der leitet ihn weiter nach links zu Höwedes. Höwedes zu Kroos. Die Amerikaner stehen da gut. Jones und Bradley stellen die Räume zu. Hinten stehen sie teilweise mit fünf Leuten auf einer Abwehr, auf einer Linie, das ist taktisch sehr, sehr gut, was Jürgen Klinsmann seiner Mannschaft beigebracht hat.

44. MINUTE

Die ziemlich besten Freunde sind heute ziemlich gleichwertige Gegner. 0:0 zwischen Jürgen Klinsmann und Jogi Löw. 0:0 zwischen den USA und Deutschland. Ausgeglichene Partie vor 40.000 Zuschauern in Recife.

2. HALBZEIT

46. MINUTE

„Miroslav Klose ist ein Turnierspieler", hatte Joachim Löw vor Kurzem gesagt und jetzt hat der Bundestrainer ihn zu Beginn der zweiten Halbzeit gebracht, Klose für Podolski, also ein neuer Stürmer bei Deutschland. Links offensiv im Mittelfeld wechseln sich Özil und Müller ab, rechts wechseln sich auch beide ab.

`55. MINUTE`

Tooo

Thomas Müller!
1:0 für Deutschland. Thomas
Müller bekommt den Abstauber
vor die Füße, drückt ab aus
17 Metern, rechts unten ins Eck.

Deutschland: 1, USA: 0.

oor!

58. MINUTE

Die deutschen Fans sind zum ersten Mal richtig laut zu hören gewesen, denn vor drei Minuten hat Thomas Müller das 1:0 für die DFB-Elf gegen die USA erzielt. Ecke von der rechten Seite von Özil auf den Kopf des Größten, auf den 1,98-Mann Per Mertesacker. Links unten hätte der Ball reingepasst, aber Tim Howard, ein guter Schlussmann, der Torhüter heute, der Amerikaner, konnte den Ball halten.

Aber der prallte dann ab Richtung Strafraummarkierung und da stand Thomas Müller, und der zog mit dem rechten Fuß ab, rechts unten flach ins Eck, da war Howard geschlagen. Das vierte Tor bei dieser WM von Thomas Müller.

Und jetzt wird Jürgen Klinsmann zum ersten Mal reagieren. Er wird auswechseln, der ehemalige Bundestrainer. Alejandro Bedoya kommt, der Mann, der im rechten Mittelfeld zu Hause ist und heute erst mal auf der Bank Platz nehmen musste. Spielte zuletzt beim 2:2 gegen Portugal von Beginn an. Er kommt für Davis, also ein positionsgetreuer Wechsel, den Jürgen Klinsmann vornimmt. Er hatte seine Mannschaft im ersten Durchgang sehr defensiv eingestellt, man könnte auch sagen: sehr diszipliniert eingestellt. Aber die Deutschen haben das Spiel jetzt seit Beginn der zweiten Halbzeit, inzwischen 59 Minuten vorüber, im Griff.

62. MINUTE

Bisschen Unruhe hier gerade auf dem Platz. Kyle Beckerman hat Bastian Schweinsteiger gefoult, deswegen die Pfiffe. Der Schiedsrichter aus Usbekistan hat dem defensiven Mittelfeldspieler der USA die gelbe Karte vor die Stirn gehalten.

... Die Deutschen kommen. Klose setzt da nach gegen Beasley, toller Einsatz von ihm, klatscht sich ab mit Thomas Müller. Zwar haben sie nicht mal einen Eckstoß rausgeholt, aber sie feuern sich an und feiern sich für diese gelungene Aktion.

66. MINUTE

Deutschland 1:0 in Führung. Deutschland hat die Partie in Recife im Griff. Die Amerikaner lassen die DFB-Elf kommen. Und sie müssen ein bisschen aufpassen, weil im Parallelspiel Ghana nur noch ein Tor bräuchte und dann wären die Amerikaner draußen und Ghana weiter. ... Clint Dempsey schnappt sich den Ball, ist in der deutschen Hälfte. Links läuft sich einer frei, links ist Jones. Jones startet nicht durch, weil er glaubte im Abseits zu stehen. Das war aber kein Abseits. Da hätte er laufen können und wird jetzt auch angepflaumt vom Spielfeldrand. **Jürgen Klinsmann steht da inzwischen in einem blauen Poloshirt, nicht mehr in einer Fleecejacke. Und auch Andreas Herzog, der ehemalige Star von Werder Bremen, ein Österreicher, Co-Trainer von Klinsmann bei den Amerikanern, hat sich da aufgeregt über das Laufverhalten von Jermaine Jones.**

76. MINUTE

Joachim Löw hat gewechselt. Bastian Schweinsteiger ist vom Platz gegangen und Mario Götze, beim 2:2 gegen Ghana noch Torschütze für die deutsche Elf, ist dabei und gerade eben am Ball gewesen, leitet ihn weiter auf Özil, der hatte sich da am linken Strafraumeck der Amerikaner aufgehalten, aber die können fürs Erste den Ball wieder nach vorne befördern. ...

Schweinsteiger war heute der Chef,

für Sami Khedira im zentralen Mittelfeld, der war ja beim 2:2 gegen Ghana ein bisschen platt. Khedira gewann nur jeden dritten Zweikampf. Schweinsteiger war heute wie in besten Zeiten der Chef auf dem Feld.

86. MINUTE

Joachim Löw ist klitsche-klatschenass, der sieht aus, als hätte er mit Klamotten geduscht, aber das wird ihm egal sein, wenn das Spiel hier in vier Minuten zu Ende sein wird. So viel steht offiziell noch auf der Uhr, vier Minuten. 1:0 führt seine Mannschaft durch das Tor von Thomas Müller gegen die Amerikaner, das hieße, das Team von Jogi Löw würde als Gruppenerster ins Achtelfinale einziehen. Und Löw, der hat hier im Regen gelitten und wird hier mit André Schürrle noch mal einen neuen Mann bringen.

88. MINUTE

Hier geht der Ball erst mal zurück zu Torhüter Manuel Neuer, der hält ihn am Fuß, hat jetzt auch keine Lust mehr, einen weiten Abschlag zu machen, spielt ihn kurz zu Mertesacker, der wird ein bisschen gestört von Alejandro Bedoya, von dem Offensivmann der Amerikaner. Rückpass zu Neuer, so sieht das jetzt aus hier in der Schlussphase. ... Joachim Löw und Jürgen Klinsmann müssen nach dem Spiel sofort unter den Fön. Das wird ihnen egal sein, wenn das Spiel

Quelle: Auszug aus der Live-Radioreportage vom 26.6.2014, Reporter: Michael Augustin, produziert vom Südwestrundfunk im Auftrag der ARD-Radio-Programme

gleich zu Ende ist, denn bei dem Spielstand, 1:0 für Deutschland gegen die USA, wären beide Mannschaften weiter. **Das Spiel war hart umkämpft, viele Zweikämpfe, viele Verletzungsunterbrechungen. Es war aber nicht hochklassig.**

`90. MINUTE +3`

Die deutsche Mannschaft kommt noch mal mit Götze über die linke Seite, will den Ball dann durch die Beine eines amerikanischen Verteidigers in den Strafraum spielen zu Schürrle, aber der hat die Beine geschlossen, deswegen Kontermöglichkeit für die Amerikaner mit Yedlin, der kommt über die rechte Seite. **Jetzt spielt er den Ball auf Jermaine Jones, der ist am Strafraumeck, steht mit dem Rücken zum Tor, Schussmöglichkeit, abgeblockt!** Gut abgeblockt, das war Lahm, der sich da in den Schuss schmeißt! Gut gemacht von Philipp Lahm. Alejandro Bedoya hatte da geschossen, das waren acht Meter. Tolles Tackling, toller Einsatz von Philipp Lahm, und die Amerikaner setzen noch mal nach. Bradley mit der Flanke aus dem linken Halbfeld, Kopfballmöglichkeit, noch einer, drüber! Dempsey! Clint Dempsey köpft drüber und auf der amerikanischen Bank springen alle auf, allen voran Jürgen Klinsmann. Der rauft sich seine Haare, so viele sind das ja gar nicht mehr, von hier oben gut zu beobachten, der bekommt auch ne Platte, der gute Jürgen Klinsmann. Aber er wird zufrieden sein, wenn das Spiel gleich vorbei ist. Dann wird er Jogi Löw, seinen Kumpel und seine ehemalige deutsche Mannschaft ins Achtelfinale begleiten. Der Schlusspfiff müsste eigentlich in zehn Sekunden erfolgen. **Nein! Jetzt! Jetzt! Beide weiter, Deutschland und die USA.** 1:0 durch das Tor von Thomas Müller. …
Es war kein gutes Spiel, aber es war kein Gemauschel, kein Unentschieden.

MICHAEL AUGUSTIN IN RECIFE

Mein schönster Moment des Spiels war das Spiel. Dass es überhaupt stattgefunden hat. Denn danach hatte es lange nicht ausgesehen. Bereits um 5 Uhr hämmerten dicke Regentropfen an die Fensterscheibe meines Hotelzimmers. Als ich mich um 9 Uhr mit meinen Kollegen zur Abfahrt ins Stadion traf, war Recife eine einzige Regenpfütze. Die Kanalisation konnte die Wassermassen nicht mehr aufnehmen. Einige Einwohner dichteten ihre Haustüren mit Spanplatten ab. Autos quälten sich durch das Wasser, das einen halben Meter hoch auf den Straßen stand. Polizei und Feuerwehr versuchten das Chaos in den Griff zu bekommen. Für die 18 Kilometer lange Strecke zur Arena Pernambuco brauchten wir anderthalb Stunden. Dort angekommen, machte das Gerücht die Runde, das Spiel könne nicht angepfiffen werden. Ich werde nie vergessen, wie sich Bundestrainer Joachim Löw und US-Coach Jürgen Klinsmann nach dem Schlußpfiff patschnass in die Arme fielen. Jetzt weiß ich, warum Recife auch „Venedig Brasiliens" genannt wird.

ACHTEL-
FINALE

DEUTSCHLAND – ALGERIEN

2 : 1 n.V.

IN PORTO ALEGRE
EDGAR ENDRES &
ARMIN LEHMANN

ANSTOSS:

30.06.2014, 22:00 Uhr

STADION:

Estadio Beira-Rio, Porto Alegre

ZUSCHAUER:

43.063

DEUTSCHLAND - ALGERIEN

AUFSTELLUNG

Manuel Neuer	Rais M'Bohli
Jerome Boateng	Aissa Mandi
Per Mertesacker	Essaid Belkalem
Shkodran Mustafi	Rafik Halliche
Benedikt Höwedes	Faouzi Ghoulam
Philipp Lahm	Mehdi Mostefa
Bastian Schweinsteiger	Mehdi Lacen
Toni Kroos	Sofiane Feghouli
Mesut Özil	Saphir Taider
Mario Götze	El Arbi Hillel Soudani
Thomas Müller	Islam Slimani

WECHSEL

46. Min.: André Schürrle für Götze	78. Min.: Yacine Brahimi für Taider
70. Min.: Sami Khedira für Mustafi	97. Min.: Madjid Bougherra für Halliche
109. Min.: Christoph Kramer für Schweinsteiger	100. Min.: Abdelmoumene Djabou für Soudani

TRAINER

Joachim Löw	Vahid Halilhodzic

SCHIEDSRICHTER

Sandro Ricci (Brasilien)

KARTEN

Lahm (Gelb)   Halliche (Gelb)

SPIELER DES SPIELS

Rais M'Bohli

„Ich sehe
den Helfer-
instinkt
in mir."

**Manuel Neuer zu seinen
Rettungsaktionen außerhalb
des Strafraums**

„Wat woll'n Sie
jetzt von mir?
Glauben Sie unter
den letzten 16
ist irgendwie
eine Karnevals-
truppe?"

Per Mertesacker

TORSCHÜSSE

Deutschland | Algerien

TORCHANCEN

Deutschland | Algerien

BALLBESITZ

Deutschland | Algerien

66% | 34%

ZWEIKAMPFQUOTE

Deutschland | Algerien

56% | 44%

GEFOULT WORDEN

Deutschland | Algerien

18 | 10

ECKENVERHÄLTNIS

Deutschland | Algerien

10 | 4

ABSEITS

Deutschland | Algerien

 4 |  4

PASS-STATISTIK

MEISTE PÄSSE VON/ZU

Mertesacker → Lahm (20)
Deutschland

Lacen → Ghoulam (11)
Algerien

BESTE PASSQUOTE

Schweinsteiger 91%
Deutschland

Halliche 86%
Algerien

GESPIELTE PÄSSE

Deutschland **801**
Algerien **392**

ANGEKOMMENE PÄSSE

Deutschland **691**
Algerien **265**

FEHL-PÄSSE

D **110**
A **127**

PASSQUOTE

Deutschland Algerien

86% **68**%

TOP-LAUFLEISTUNG

12,485km
Höwedes
Deutschland

12,996km
Lacen
Algerien

TOP-GESCHWINDIGKEIT

31,07km/h
Boateng
Deutschland

30,89km/h
Feghouli
Algerien

DIE MEISTEN SPRINTS

56
Müller
Deutschland

56
Lacen
Algerien

1. HALBZEIT

1. MINUTE

Armin Lehmann: Willkommen aus Porto Alegre, tief im Süden Brasiliens. In dieser Sekunde der Anpfiff des deutschen Achtelfinales, und dieses deutsche Achtelfinale kann nur unter einem Motto stehen:

Es kann nur einen geben.

Alter Film, der Highlander, spielte damals in Schottland, hier sind wir im Süden Brasiliens bei 14 Grad. Es regnet nicht mehr, den ganzen Tag hat es geregnet. Der große Favorit heißt Deutschland. Sie mussten und müssen umstellen. Mats Hummels erkrankt über Nacht und mit Fieber liegt er im Bett, hat mittlerweile die besten Grüße getwittert ans Team und fiebert natürlich im wahrsten Sinne des Wortes mit. Für ihn in der Innenverteidigung Jerome Boateng und rechts spielt dann Mustafi.

Edgar Endres: Kein Tempo in diesen ersten paar Sekunden, erst mal wieder dieses Ballgeschiebe auf Höhe der Mittellinie, man sucht die Lücke mit Mesut Özil, der über die rechte Seite kommen soll, vorne Götze und Müller, die da ein bisschen rochieren. Und Sie merken es aktuell an der Schilderung, Schweinsteiger, Torentfernung 25 Meter, dass das Tempo noch nicht hoch ist. Die Algerier, ganz in Grün, haben erst einmal geklärt, aber klassischer Fehlpass schon wieder in die Füße der deutschen Elf.

`4. MINUTE`

EE: Wo ist die Lücke, Armin, wo ist sie?
AL: Tja. Keine da. Die grüne Wand baut sich auf.

`9. MINUTE`

AL: Es gibt Freistoß für die deutsche Mannschaft, aber noch tief in der eigenen Hälfte. Acht Minuten sind rum. Dass es noch 0:0 steht, finde ich jetzt nicht so wild, aber noch keine Torchance für die deutsche Mannschaft.

EE: Ja, weil das Tempo nicht hoch ist. Ohne Frage, da muss es schneller gehen, vor allem über die Außen mit Özil und auch mit Mario Götze.

… Und jetzt Platz mal für Mustafi, müsste mal schneller passen, und jetzt kommt der Ball herein gespielt und die Algerier klären zunächst. Noch einmal auf Mustafi, im Zweikampf gegen Soudani, der Ball weg.

Und dann langer Ball auf Slimani, Neuer ist raus, Neuer ist am Strafraum, Slimani könnte schießen, und er ist geklärt. War das riskant von Manuel Neuer.

Aber war auch wichtig, dass er raus ist, denn Islam Slimani hätte die Großchance gehabt, die deutsche Mannschaft war aufgerückt.

11. MINUTE

AL: Wieder Fehler in der Ballannahme, diesmal von Toni Kroos. Die nächste Möglichkeit, wieder Slimani. Zieht da vorbei an Boateng und bleibt hängen an Per Mertesacker.

Mann, Mann, Mann, die sind hinten nervös und die wackeln.

Also, da müssen sie ein bisschen konsequenter spielen und vorne diese leichten Ballverluste, gerade war es, glaube ich, Toni Kroos, die dürfen nicht passieren, denn dann läufst du in diese Konter rein.

13. MINUTE

AL: 0:0 also steht's und ich muss ganz ehrlich sagen, jetzt haben wir 12 Minuten gespielt … **Ich will jetzt hier nicht die Meckerziege sein, aber ich hatte schon erwartet, dass die so'n bisschen mehr nach vorne machen.** Das ist langweiliges, langsames Hin-und-Hergeschiebe. Shkodran Mustafi, der Mann, der in der italienischen Seria A spielt, mit dem Einwurf ins Goar-Nix, der wär ins Toraus gegangen.

14. MINUTE

EE: Die Afrikaner merken so jetzt nach 13 Minuten, dass da vielleicht doch a bissel mehr gehen könnte als nur verteidigen, aber jetzt haben sie einen Fehler gemacht im Aufbauspiel …

Querpass von Kroos auf Schweinsteiger, 20 Meter, Schuss, uiiiiii!

Eine komische Abwehr von Rais M'Bohli, der 28-Jährige von ZSKA Sofia, der ein bisschen aussieht wie der damalige 400-m-Hürdenläufer Ed Moses. … 0:0, Schweinsteiger zumindest mit dem Ansatz der ersten Chance, Armin.

AL: Ja, zumindest mal mit diesem Schuss. Aber jetzt müssen sie auf der anderen Seite schon wieder aufpassen. Algerien auf Höhe des deutschen Strafraums.

Flanke kommt rein, zweiter Ball, immer noch Ball Algerien, Feghouli, jetzt wird's gefähr-lich – und schlecht gemacht.

Oh, haben sie da Glück gehabt. Der tanzt da zwei deutsche Spieler aus und dann isser zu eigensinnig, der Winkel war megaspitz. Also er war schon fast auf der Grundlinie, als er da Boateng und Höwedes austanzte mit einer Körperdrehung. Und dann hat er den kurzen Winkel anvisiert.

17. MINUTE

EE: … Also, wenn Özil diese Form weiter so konserviert wie in den ersten drei Gruppenspielen, auch heute in der Anfangsphase dieses Achtelfinales, dann seh ich duster.

AL: … Wir hatten ja so ein bisschen mit Schürrle gerechnet oder auf ihn gehofft, weil er so eine Dynamik mit sich bringt. **Jetzt kommen sie schon wieder Kopfball und …**

Tooooor! Aber Abseits!

Fast das Tor für Algerien durch Slimani. Aber die Fahne des Schiedsrichterassistenten war sofort oben, deshalb hab ich einen kleinen Moment gestockt. Aber sie war direkt oben.

18. MINUTE

EE: … Fehlpass von Mario Götze. Götze und Özil aktuell raus aus der Partie. Und die Afrikaner auf Höhe der Mittellinie, quer gelegt, ins Mittelfeld rein auf Mostefa, der links herausspielt auf Soudani, klasse Ballannahme, hat nur noch Mustafi vor sich, Soudani gegen Mustafi, Soudani legt in den Strafraum rein auf Ghoulam, Ghoulam schießt! Ghoulam schießt, und das war gefährlich, dieser Linksschuss.

AL: … Algerien die klar bessere Mannschaft. Deutschland ohne Konzept, ohne Plan, ohne wirkliche Geschwindigkeit, ohne Torchance.

20. MINUTE

EE: Es gab bisher zwei Länderspiele gegen Algerien und Sie glauben es nicht, zwei Mal hat Algerien gewonnen! Und auch am heutigen Abend sieht es gar nicht so schlecht aus für die Afrikaner. … Der Bundestrainer ist entsetzt über die Leistung der deutschen Mannschaft.

25. MINUTE

AL: Ich sag das ganz offen: Ich halte die Aufstellung für falsch. Aber zum anderen muss man sagen: Die, die da stehen, müssen es natürlich gegen Algerien trotzdem lösen können, und die haben aber ordentlich Schiss in der Bux.

EE: Ja, haben sie, und ich halte auch mittlerweile diese Taktik nicht für ideal. Dieses 4-2-3-1 war offensiv präsenter, da hatte man mehr Optionen.

39. MINUTE

AL: Wir sind auf Höhe des deutschen Strafraums, es gibt Einwurf durch Ghoulam für Algerien. Rein wird er jetzt kommen in den deutschen Strafraum, fast wie eine Flanke. Gute Kopfballabwehr erst mal, da kommt der Distanzschuss, abgefälscht!

Uuuhhh! Ganz knapp.

Manuel Neuer war schon in der einen Ecke und dann ist er abgefälscht, dieser Ball. Und am Ende, Eddie, viel Glück, dass er am Tor vorbeigeht.

EE: Mehdi Mostefa schießt da aus 25 Metern und der Ball abgefälscht von Jerome Boateng und es gibt Eckball.

Riesenmassel! Riesenmassel zum dritten Mal.

… Die Algerier sind bissig und kitzelig im Zweikampf. Und jetzt der lange Schlag nach links außen und Thomas Müller hat sich den Ball erlaufen können. Müller mit dem Anlauf, was macht er denn? Vorne wäre Götze dringestanden, bekommt den Ball wieder nicht, geht zu Boden. Langer Schlag nach vorne, Kontermöglichkeit. **Und Neuer spielt heute quasi Libero! Der steht meistens 20 Meter vor dem eigenen Gehäuse, kann da immer wieder klären.** Ganz, ganz gefährliche Ausflüge, Armin, aber bisher ist es gut gegangen. Er hat sich wehgetan, oder?

AL: Jaja, der Franz Beckenbauer des deutschen Spiels macht da jetzt so Dehnübungen. Das sehe ich gar nicht gerne. Manuel Neuer hat sich da irgendwie wehgetan, macht Dehnübungen im Strafraum.

45. MINUTE

AL: … Gott sei Dank liegt Deutschland nicht hinten. Aber, ich muss ganz ehrlich sagen: **Als ich diese Nacht geträumt habe, habe ich nicht davon geträumt, dass ich die Worte „Gott sei Dank liegt Deutschland nicht hinten" – in dieser Sekunde kommt der Halbzeitpfiff –, dass ich die sagen müsste.** Aber so ist es. Das ist die ganz bittere und knallharte Wahrheit. Es ist Pause in Porto Alegre. Es ist ein über weite Strecken schlimmes Spiel der deutschen Fußballnationalmannschaft gegen Algerien, die mit allem, was sie haben, mit aller Leidenschaft, allem Kampfgeist und aller Schnelligkeit bei den Kontern hier die leicht bessere Mannschaft, vor allem die leicht gefährlichere waren. Also, es kann nur besser werden aus deutscher Sicht. **Es steht 0:0.**

2. HALBZEIT

46. MINUTE

AL: Willkommen zurück im fußballerischen Gruselkabinett, um es mal etwas drastisch zu formulieren. Die zweite Halbzeit wird in Kürze beginnen. André Schürrle hat sich die Trainingsjacke ausgezogen, wird in die Partie reinkommen.

47. MINUTE

EE: Unten diskutieren sie, Hansi Flick und der Bundestrainer, über die Leistung der deutschen Mannschaft, wahrscheinlich auch über die taktische Ausrichtung. Der Bundestrainer, er wirkt nachdenklich, er hat beide Hände in der Hosentasche und schaut sich das Ganze nachdenklich an.

48. MINUTE

AL: Jetzt kriegt Özil den Ball, legt raus auf Schürrle. Der könnte jetzt ganz, aahh, hat er nicht gesehen, dass Schweinsteiger ging. Aber jetzt versuchen sie mal schnell zu spielen. Schürrle geht rein in den Strafraum, Schürrle schießt, abgefälscht, Möglichkeit noch für Müller und ganz knapp vorbei. Der abgefälschte Ball trudelt in Richtung Tor und dann überlegt er sich's anders und hüpft ganz knapp neben dem linken Pfosten vorbei.

EE: Kurz ausgeführt. Müller am Strafraum, wieder raus auf Kroos, der ist im Strafraum, an zweien vorbei, jetzt kommt die Flanke, Kopfball von Müller, genau … Es war Mustafi, genau auf die Brust von M'Bohli. Da war er mal vorne, der Innenverteidiger, schraubt sich auch gut nach oben und dann köpft er genau auf die Brust. Aber immerhin, Armin, in diesen ersten dreieinhalb Minuten schon zwei Chancen. Und irgendwie wollte ich vorhin schon „Schürrrrle" brüllen, aber der Ball ging einfach nicht rein, er wurde eben abgefälscht zum Eckball. **Gab's da ein Donnerwetter?**

AL: **In der Pause – mit Sicherheit.**

53. MINUTE

EE: Die deutsche Mannschaft im Umkehrspiel jetzt mit Özil noch in der eigenen Hälfte im Zentrum. Philipp Lahm wird wesentlich offensiver, noch mal auf Özil gespielt, 35 Meter, halblinke Position, fünf Grüne am eigenen Strafraum, links raus auf Toni Kroos, der geht nach innen, wird sofort angelaufen von Mandi. Und jetzt am Strafraum, Möglichkeit, Schuss Özil. Ja! Lahm mit dem Schuss und dann der Aufschrei!

Der Aufschrei im Stadion. Fast wäre er drin gewesen.

Aber der Torwart war dran.
AL: Ich glaub der Torwart war wirklich dran. Der hätte genau gepasst. Mit den Fingerspitzen lenkt er ihn über die Latte. Ganz toller Schuss von Philipp Lahm, auch schöner Angriff der deutschen Mannschaft. Wir müssen sie ja auch loben, wenn sie mal was Gutes machen.

63. MINUTE

EE: Tja, 108 Länderspiele gab es bisher unter Joachim Löw, heute das 109. Tja, Armin, wir wollen nicht spekulieren, das könnte auch das Letzte für Löw sein, wenn nämlich Deutschland ausscheidet gegen Algerien, ist Löw schwer zu halten, auch nicht von Wolfgang Niersbach, wenn er es will. Aber das ist alles noch weit, weit weg hoffentlich. Wir haben noch 30 Minuten mit Nachspielzeit. 0:0, bitte keine Verlängerung oder gar ein Elfmeterschießen gegen Algerien.

70. MINUTE

EE: Sami Khedira ist noch draußen, wird jetzt gleich eingewechselt werden. Philipp Lahm hat sich sofort auf die rechte Seite orientiert. Also das Experiment, würde ich mal sagen, beginnt von Neuem. Lahm wieder mal rechter Außenverteidiger. Ja, und jetzt haben wir wahrscheinlich auch gleich die alte Lösung mit Khedira auf der 6 und Schweinsteiger und Kroos auf den Halbpositionen, wenn es bei der taktischen 4-3-3-Ausrichtung bleibt, werden wir auch gleich sehen. **Vielleicht ist das der entscheidende Moment.** Eine Verletzung, die man keinem wünscht. Mustafi muss raus.

72. MINUTE

AL: **... und jetzt Slimani und Neuer mit Kopfballabwehr. Manuel Neuer geht raus nach diesem 60-Meter-Pass diagonal nach vorne.**

Slimani wäre einen Tacken vor Boateng am Ball gewesen. Und dann ist Neuer wieder raus aus seinem Strafraum. Drei, vier Meter vor der Strafraumgrenze und sieht genau: Den krieg ich mit dem Kopf. **ZACK!** Und köpft ihn ins Seitenaus. Mann, der geht hohes Risiko, aber bislang macht er alles richtig da hinten und fegt alles weg und bügelt natürlich damit auch die Schwächen im Stellungsspiel seiner Vorderleute aus.

`78. MINUTE`

AL: **Irgendeiner kriegt das Ding ja vielleicht mal über die Linie gedrückt.** Nach wie vor immer viel Ball-hin-und-her-Geschiebe, keine Idee. Und jetzt vielleicht mal das schnelle Antreten von Müller. Müller vorbei am Zweiten, jetzt schon auf Höhe des Strafraums, Müller vorbei am Dritten, zieht den Ball in die Mitte, Kopfball von Schweinsteiger. Schöner Angriff der deutschen Mannschaft über die rechte Seite. Müller tankt sich da durch. Und Schweinsteiger kriegt den Ball nicht so richtig kontrolliert, wischt ihn nur mit der Stirn, und deshalb geht er am langen Eck vorbei.

`80. MINUTE`

AL: Neuer hat den Ball und leitet jetzt den nächsten Angriff über die deutsche rechte Seite ein. Mit André Schürrle, zehneinhalb Minuten vor dem Ende, Khedira auf der rechten Seite, der ist ja noch frisch, der Spieler von Real Madrid, der jetzt den Ball hat. Auf Höhe des Strafraums bringt er den Ball herein.

Sie kommen, Müller, meine Güte, Nachschuss, geklärt, zweimal Schürrle! Das muss er sein, der Führungstreffer!

Thomas Müller, fünf Meter, zentral, Flanke Khedira, genau auf M'Bholi. Und Rais M'Bohli, der reißt die Arme nach oben, klatscht den Ball nach vorne weg, Schürrle im Nachschuss, drei Meter, bisschen spitzer Winkel, geklärt von Belkalem.

Das war sie jetzt, die Hundertprozentige!

82. MINUTE

AL: Schweinsteiger, noch auf Höhe der Mittellinie, legt noch mal quer auf Per Mertesacker, geht jetzt selber nach vorne. Ja, was soll denn Mertesacker jetzt mit dem Ball machen? Spielt ihn erst mal rüber auf Khedira. **Der lupft rein, Müller, kriegt er den Ball angenommen? Wunderbar angenommen, im Strafraum, am Ersten vorbei, der Schuss, vorbei! Riesenaktion von Thomas Müller. Brasilianisch nimmt er den Ball an, zieht ihn rum um seinen Gegenspieler, zieht sofort ab und verfehlt das Tor um einen halben Meter.** Oh, jetzt haben sie aber schon Möglichkeiten. ... Sie sind aber eben nicht drin. Und deshalb steht da unten ein einsamer Mann im schwarzen Hemd und guckt auf den Platz mit schreckensweit geöffneten Augen, weil er weiß, uns droht acht Minuten vor dem Ende, also ihm und seiner Mannschaft droht acht Minuten vor dem Ende die Verlängerung.

88. MINUTE

EE: (Freistoß für Deutschland) Chefberatung. Kroos, Schweinsteiger, Özil. Wer darf schießen? Auch Thomas Müller steht da. Der Mann mit den Storchenbeinen. Wird der wohl schießen? Große Frage. .

Achtung! Schweinsteiger. Müller fällt hin! Was war das denn? Was war das denn? Noch mal Schweinsteiger. Für meine Begriffe Müller sogar in der Abseitsposition, da kommt die Fahne. Ich glaub's nicht. Was war das für ein Freistoß, Armin?

AL: Meine Herren! Jetzt gibt es auch hier ein gellendes Pfeifkonzert im Stadion und höhnisches Gelächter. Also, was das für ein Trick sein sollte: Müller fällt fast hin …

EE: **Er ist hingefallen …**

90. MINUTE

EE: Vier Minuten Nachspielzeit! … Diese Einlage von Thomas Müller bei diesem Freistoß – ich glaub, das war die Slapstick-Einlage bei dieser Fußball-WM. Der läuft einen halben Meter, fällt auf beide Knie und steht dann wieder auf und dann chipt der Schweinsteiger den Ball in die Abwehr. Also, Armin, so'n Freistoß hab ich auch noch nicht gesehen.

90. MINUTE +4

AL: Der Brasilianer nimmt die Pfeife in den Mund und jetzt gehen wir hier tatsächlich in Porto Alegre in eine Verlängerung. Ich pack das nicht. Unfassbar. Die deutsche Mannschaft besser in der zweiten Halbzeit, ja, mit ein paar großen Chancen, ja. Die haben sie zum Teil aber auch leichtfertig liegen lassen.

VERLÄNGERUNG

91. MINUTE

EE: Es gibt Anstoß, die Verlängerung läuft in Porto Alegre, übersetzt: Fröhlicher Hafen. Bis jetzt überhaupt nicht fröhlich aus deutscher Sicht.

AL: … Jetzt schaltet sich Höwedes mal vorne ein, legt den Ball schön raus auf die linke Seite. Da zieht jetzt Müller in die Mitte rein, da kommt der Ball jetzt in die Mitte.

Schuss und Toooooooor! André Schürrle erlöst Deutschland! 1:0 in der 92. Minute!

Da kommt die Hereingabe in die Mitte und Schürrle in Mittel-stürmerposition hält das goldene Füßchen hin und zieht den Ball ins lange Eck. Und Deutschland geht mit 1:0 in

Führung. Müller mit der scharfen Hereingabe und es war, glaube ich, sogar die Hacke von André Schürrle, der war vorbei am Ball und macht das Welttraum, wie er den reinmacht! Da läuft er den Schritt zu weit, aber zieht das Ding mit der Hacke hinter dem Körper ins lange Eck. Überragendes Tor von André Schürrle. Und Deutschland führt mit 1:0. Und ich muss mal ganz tief Luft holen und mich beruhigen.

EE: Der streckt die Zunge raus, der André Schürrle, das war ein Sensationstor mit der Hacke. Keine Chance für M'Bohli. Und zum Glück dieses schnelle Tor, diese Erlösung. Jetzt muss Algerien aufmachen, jetzt müssen sie richtig kommen, sonst wird's nichts mit der großen Sensation gegen die deutsche Mannschaft. Und das deutsche Team kann weiter träumen von einem WM-Titel nach diesem Spiel. Tja, da muss man schon großer Optimist sein.

97. MINUTE

EE: Die deutsche Mannschaft klärt und kann jetzt vielleicht sogar einen Konter starten, aber sie rücken jetzt nicht nach. Sie sind erst mal auf Nummer Sicher gegangen. 1:0 vorne, langer Ball, jetzt ist er vorne durch.

Jetzt kann er es macheeeeeen, der Özil, was macht er denn? Der läuft sich fest.

Da fehlt die letzte Überzeugung und die letzte Konsequenz, Armin.
AL: Genau das! Genau das ist es. Es fehlt ihm die Überzeugung, dass er diese Aktion positiv abschließen kann. Er denkt nach, er überlegt: Was mach ich? Er traut sich nicht, direkt zu schießen, das wäre, glaube ich, die bessere Option gewesen. Und Halliche, der jetzt das Duell da gegen ihn gewonnen hat und ihm den Ball abluchst, dieser Halliche musste natürlich auch rennen wie ein Hase. Er hatte eben schon Wadenkrämpfe und jetzt hat er in beiden Beinen die Wadenkrämpfe. … Das wäre ein herber Verlust, wenn der Kapitän und Abwehrchef da raus müsste. Und er nimmt ihn jetzt tatsächlich raus, den Halliche. Es macht auch keinen Sinn mehr. Bougherra kommt jetzt und wird in die Innenverteidigung rücken.

100. MINUTE

AL: Es gibt den nächsten Wechsel bei den Algeriern. … Jetzt kommt ein neuer Mann, ein neuer offensiver Mann mit Djabou, der vorne jetzt einfach für ein bisschen mehr Gefahr sorgen soll. Die sind alle ausgelaugt, das merkst du, dass da so ein bisschen jetzt auch die Kontrolle bei den einzelnen Bällen fehlt.

102. MINUTE

EE: Es gibt Eckball nach dieser Aktion von Djabou, der als einziger in Afrika spielt, in Tunis, der 27-Jährige, nur 1,65 m klein, wendig, schnell, dribbelstark. Vielleicht jetzt für Philipp Lahm noch mal eine richtige Herausforderung. Eckball, wird getreten, drei, vier kurze Schritte der Anlauf, Brahimi bringt den Ball herein. **Kopfballmöglichkeit und Riesenchance für die Algerier! Wieder war es Mehdi Mostefa, aus Ajaccio, der diese Großchance hatte.**

106. MINUTE

AL: Zweite Halbzeit der Verlängerung läuft. … Deutschland hat noch nicht gewechselt. Christoph Kramer hat sich bereit gemacht, aber Bastian Schweinsteiger läuft da noch. Der läuft und stampft eher, aber es geht bei ihm noch irgendwie.

108. MINUTE

EE: Schweinsteiger dehnt sich da unten. Der ist kaputt, der ist am Ende. Aber er hat, Armin, ich sag's noch mal, erste Halbzeit war ganz schwach, aber in der zweiten, spätestens ab der 60. hat er großartig gekämpft.

112. MINUTE

AL: Algerien versucht mal herauszukommen aus der eigenen Hälfte, aber die sind auch platt. Da ist der Nächste von Krämpfen geschüttelt. Jaja, also die sind auch platt.

115. MINUTE

AL: **Freistoß, 30, 35 Meter zum Tor. Und Brahimi, der hat noch Körner, weil der spät eingewechselt worden ist, auf Feghouli, der hat keine Körner mehr, nimmt da jetzt einen mit, und Boateng, humorlos, haut das Ding ins Seitenaus.**

117. MINUTE

EE: Noch einmal Khedira, zwanzig Meter entfernt. Jetzt Thomas Müller, jetzt mach es doch, jetzt hau ihn rein – und dann kommt der Rückpass! Und Schürrle wäre frei gewesen. Aber er findet ihn nicht.

119. MINUTE

AL: ... Jetzt schön gespielt auf Schürrle. Der ist frei. Drüben ist ... drüben ist ...

Özil. Özil, Özil, jetzt mach es, Özil, nochmal Schürrle, auf der Linie geklärt! Noch mal Özil und Tooooooorrr! Tor für Deutschland,

Mesut Özil!

Das ist die Entscheidung!

In der 120. Minute haben sie den Ball dreimal nicht reingebracht in den Kasten. Und dann haut der Özil am Ende aus acht Metern humorlos das Ding in die Maschen. **Es ist durch, Eddi!**

EE: Ja, Manuel Neuer rennt zu Joachim Löw, klatscht ihn ab, als wolle er sagen: Mensch, Trainer, es ist gut gegangen. Wir sind weiter im Turnier. ... Deutschland im Viertelfinale! Und das gegen Frankreich, da denken wir jetzt

Quelle: Auszug aus der Live-Radioreportage vom 30.6.2014, Reporter: Edgar Endres und Armin Lehmann, produziert vom Südwestrundfunk im Auftrag der ARD-Radio-Programme

gar nicht dran. Das war heute zu schwierig, diese Aufgabe. … Jetzt bin ich mir sicher, dass Sandro Ricci gar nicht lange nachspielen lässt, denn das Ding ist gegessen. Deutschland hat's geschafft. Schürrle, Özil, zwei Minuten werden noch nachgespielt. Also noch mal zwei Minuten leiden für die armen Afrikaner jetzt.

AL: Ja, die haben es wirklich toll gemacht. In der ersten Halbzeit waren sie die bessere Mannschaft gegen ein, das muss man ganz deutlich sagen, restlos enttäuschendes deutsches Team. …

Und jetzt kommt noch mal Algerien und ...Tor für Algerien! Ich glaub' das ja nicht.

Slimani macht hier noch den Anschlusstreffer. Ich pack es nicht! Noch eine Minute auf der Uhr. Und Algerien mit der Flanke. Und Per Mertesacker war's, glaube ich, der dann da hinten nicht mehr richtig hin kam. Lahm war auch zu weit eingerückt. Und dann ist es Slimani. Trocken! Djabou! Djabou war's dann, der das Tor gemacht hat. …

Es steht nur noch 2:1! Jetzt dürfen wir weiter zittern.

30 Sekunden noch.

EE: Nein, nein, nein. Das Ding ist durch! Ich glaub nicht, dass die Deutschen hier zwei Tore kriegen in einer Minute. Weiter Schlag und dann schießt er da vorne Thomas Müller an, der M'Bohli. Und Schiedsrichter Sandro Ricci zeigt an: Noch einmal ausführen, die Aktion. Letzte, letzte Möglichkeit. Alle Algerier stehen da jetzt in der Coaching-Zone. Und nochmal der lange Schlag von M'Bohli. 2:1! **An den Strafraum der deutschen Mannschaft. Achtung Slimani, Kopfball – und Neuer hat den Ball! … Und aus! Jetzt ist es durch! 2:1 gegen Algerien. Huiuiuiuiuiuiuiui. Deutschland steht im Viertelfinale. Ein Kraftakt.**

DEUTSCHLAND — FRANKREICH

1 : 0

IN RIO DE JANEIRO
ARMIN LEHMANN &
JENS JÖRG RIECK

ANSTOSS:

04.07.2014, 18:00 Uhr

STADION:

Estadio do Maracana, Rio de Janeiro

ZUSCHAUER:

74.240

DEUTSCHLAND - FRANKREICH

AUFSTELLUNG

Manuel Neuer	Hugo Lloris
Philipp Lahm	Mathieu Debuchy
Jerome Boateng	Raphael Varane
Mats Hummels	Mamadou Sakho
Benedikt Höwedes	Patrice Evra
Bastian Schweinsteiger	Yohan Cabaye
Sami Khedira	Paul Pogba
Toni Kroos	Blaise Matuidi
Thomas Müller	Mathieu Valbuena
Mesut Özil	Karim Benzema
Miroslav Klose	Antoine Griezmann

WECHSEL

69. Min.: André Schürrle für Klose	72. Min.: Laurent Koscielny für Sakho
83. Min.: Mario Götze für Özil	73. Min.: Loic Remy für Cabaye
90. Min. +2: Christoph Kramer für Kroos	80. Min.: Olivier Giroud für Valbuena

TRAINER

Joachim Löw   Didier Deschamps

SCHIEDSRICHTER

Nestor Pitana (Argentinien)

KARTEN

Khedira (Gelb)	-
Schweinsteiger (Gelb)	-

SPIELER DES SPIELS

Mats Hummels

„Es war schon wie in einer Grillbude. Da merkt man erst mal was für ein faszinierendes Gebilde so ein Kaktus ist, da nicht einzugehen."

Thomas Müller

TORSCHÜSSE
Deutschland **Frankreich**

TORCHANCEN
Deutschland **Frankreich**

BALLBESITZ
Deutschland Frankreich

51% | 49%

ZWEIKAMPFQUOTE
Deutschland Frankreich

56% | 44%

GEFOULT WORDEN
Deutschland Frankreich

14   16

ECKENVERHÄLTNIS
Deutschland Frankreich

3   5

ABSEITS
Deutschland Frankreich

0   3

PASS-STATISTIK

MEISTE PÄSSE VON/ZU

Lahm → Müller (11)
Deutschland

Debuchy → Pogba (12)
Frankreich

BESTE PASSQUOTE

Schweinsteiger 84%
Deutschland

Benzema 100%
Frankreich

GESPIELTE PÄSSE
- Deutschland **410**
- Frankreich **390**

ANGEKOMMENE PÄSSE
- Deutschland **311**
- Frankreich **303**

FEHL-PÄSSE
- D **99**
- F **87**

PASSQUOTE

Deutschland | Frankreich

76% | **78**%

TOP-LAUFLEISTUNG

10,986km
Müller
Deutschland

9,872km
Matuidi
Frankreich

TOP-GESCHWINDIGKEIT

31,97km/h
Özil
Deutschland

30,53km/h
Pogba
Frankreich

DIE MEISTEN SPRINTS

48
Müller
Deutschland

42
Debuchy
Frankreich

1. HALBZEIT

1. MINUTE

Armin Lehmann: **26 Grad, kein Wölkchen am Himmel über Rio, über dieser Traumstadt.** An der ein oder anderen Stelle in diesem Stadion kannst du hoch schauen zur Christus-Statue. Wir können das leider von unserem Platz nicht, aber das wollen wir jetzt auch nicht mehr. Wir wollen, dass es endlich mal losgeht und wollen hier ein tolles Viertelfinale sehen zweier Mannschaften, die absolut auf Augenhöhe sind. In dieser Sekunde hat Miroslav Klose für die deutsche Mannschaft den Anstoß ausgeführt. Und sofort erster Ballverlust der deutschen Mannschaft, da muss Boateng schon dazwischen gehen und aufpassen, dass sie da nicht zentral durchkommen. Hummels jetzt erst mal mit dem Befreiungsschlag weit nach vorne.

5. MINUTE

AL: Boateng geht auf Nummer Sicher und spielt da erst mal „Manu, den Libero" an, so ist er ja jetzt genannt worden. Oder: „Die falsche 5" – hat mir auch sehr gut gefallen. Man könnte ihn auch „Franz" nennen. Also, Manuel Neuer in seiner Libero-Position wieder mehrere Meter draußen, außerhalb seines Strafraums, spielt und denkt ja mit. Hat gegen Algerien das überragend, aber auch mit hohem Risiko teilweise hingekriegt. Die Franzosen sehr verhalten, sehr tief stehend.

7. MINUTE

Jens Jörg Rieck: Wir sind auf der linken Seite, Angriff läuft, für die Franzosen, Ball in die Mitte hinein, in den Sechzehner. Ausgerutscht ist Benzema, und deswegen kann Höwedes klären, und deswegen hören Sie dieses „Ho" und „Ha" der vielen Fans. Es sind in der Mehrzahl Deutsche, die da im Halbschatten hinter dem Tor von Neuer warten. Und Neuer wartet jetzt auf den Ball von der linken Seite, der kommt in den Sechzehner hinein. Immer noch im Ballbesitz Frankreich. **Die Les Bleus spielen noch mal zurück über Valbuena, Schuss und ganz knapp! Hallo wach! Erster großer Fehler der deutschen Mannschaft. Benzema!**

11. MINUTE

AL: Die Franzosen noch einmal. Wieder mit dem weiten Pass nach vorne.

Wieder bleibt die Abseits-fahne unten, wieder sind sie im Strafraum. Die Riesen-möglichkeit und Hummels hat aufgepasst.

Pass auf Benzema, Hummels geht dazwischen. Die Fahne bleibt immer unten. Also für uns zumindest von hier ist das klares Abseits schon zweimal gewesen, Jörg.

JJR: Ja, aber eines bleibt auch festzuhalten: Es sind jetzt 11, 12 Minuten rum, die Deutschen haben vielleicht mehr Ballbesitz. Das geht am Ende aber auch bei dieser Weltmeisterschaft nicht um die Statistik. Gefährlicher sieht's dann aus, wenn die Blauen kommen. Das müssen wir leider deutlich sagen.

… Wir sind bei Özil, dann geht's herüber zu Kroos, und der ist auf dem Boden, der Mann, der für 25 Millionen bald in der spanischen Liga spielen soll, so hat es zumindest Marca, die in der Regel gut informierte Zeitung, berichtet. Real würde warten, da könnte er gleich das weiße Trikot anbehalten, was er heute anhat. Er hat den Ball jetzt zum Freistoß und es formiert sich da natürlich am Sechzehnmeterraum all das, was kopfballstark ist, baut sich auf. Kroos, drei, vier Schritte noch im Schatten hinter dem Ball. Da vorn sehe ich jetzt natürlich auch einen Hummels, da sehe ich einen Müller im Zwiegespräch, Klose, das Kopfballwunder vergangener Zeiten von Blaubach-Diedelkopf und später beim 1. FC Kaiserslautern.

Ball hinein und Tooor! Und Toooo oooorrrr! Humeeeee eeeelllsss!

Gerade haben wir ihn noch erwähnt, den Dortmunder. Ball in die Mitte, Hummels ist oben.

Und da war nicht mehr Platz, Armin, der kam direkt von der Latte in die Kiste hinein. Deutschland führt 1:0.

_AL:_ Er schraubt sich da mit Abstand am höchsten. Alle gucken hinterher, Lloris klebt auf der Linie, aber das ist ganz schwer für den Torwart, da rauszukommen. Und Mats Hummels steigt da hoch, gewinnt das Kopfballduell. Und fast so ein bisschen mit dem Schädel, oben, gar nicht so ganz mit der Stirn getroffen, verlängert er den unter die Latte.

Und da machst du als Keeper dann nix mehr, wenn da fünf Meter sind. Er kriegt ihn genau da hin, wo er ihn hin haben will und dann isser drin. Und das ist das, was wir alle haben wollten, ein frühes deutsches Führungstor. Und das hat Frankreich, das bisher ein richtig gutes Turnier hier gespielt hat, noch nicht erlebt. Die haben hier noch nie in Rückstand gelegen.

20. MINUTE

AL: Wir gucken jetzt auf Özil, kriegt er den Ball noch. Nein, er wartet wieder hinter seinem Gegenspieler, geht dem Ball nicht entgegen, hätte da auch per Kopf irgendwas ablegen können. Schade, aber wir hoffen natürlich trotzdem, dass er seine Form heute findet und dass er uns hier noch mit der ein oder anderen Aktion so richtig schön verzücken kann.

JJR: Die Angst beim Bundestrainer ist natürlich auch, einen Özil herauszunehmen, das bedeutet, ihn noch unsicherer zu machen, deswegen lässt er ihn immer spielen. **Aber so richtig möchte man irgendwie die Fernbedienung nehmen, Armin, und den mal auf „Schnell" drücken, dass er wieder in der Form spielt, in der er eigentlich spielen kann.** Denn er ist ein großer Fußballer und kann mit beiden Beinen exzellente Dinge. Aber er zeigt sie bislang bei diesem Turnier zu wenig.

25. MINUTE

AL: Also, die deutsche Mannschaft versucht jetzt so ein bisschen sehr ruhig das Spiel aufzubauen, aber ohne den echten Zug zum Tor. Man führt 1:0, man will die Franzosen vielleicht auch so ein bisschen locken, um vorne mehr Platz zu haben. Und jetzt ist man mal auf Höhe des Strafraums, legt ab auf Khedira. Khedira könnte reinpassen auf Klose.

Ball kommt rüber ...
Und gibt's da Elfmeter?
Uiuiuiii! Jens Jörg!?

JJR: Sie kreuzen sozusagen die Wege, schwierige Entscheidung. Pitana stand relativ dicht bei der Situation mit dabei, als Klose wegging und Debuchy so den linken Arm draußen hatte. Aber ich würde ihn nicht pfeifen, denn es war zwar so ein Kontakt da und natürlich gibt's diesen Griff, aber Klose hat den Elfer auch mehr gewollt als das Tor zu erzielen.

28. MINUTE

JJR: Steiler Ball! Da drüben auf die linke Seite heraus, aber am Ende kommt Griezmann dann doch nicht heran, der bei Real Sociedad spielt. Ein schneller Flitzer. Auch wieder so ein kleiner Mann. Es ist ein deutlicher Unterschied schon bei der Hymne gewesen. **Die deutsche Mannschaft fast durchweg, bis auf den Kapitän, dessen Körperschwerpunkt ja so ein bisschen auf Höhe der Grasnarbe liegt, bis auf den Kapitän der deutschen Mannschaft, alle einen Kopf kleiner als die Deutschen.**

34. MINUTE

JJR: Achtung, die Franzosen kommen schon wieder. Griezmann lässt den Ball ein Stückchen prallen, bringt ihn dann volley in die Mitte hinein. Klasse gemacht, Valbuena, Schuss, Neuer mit einer …

Benzemaaaaa. Nix da! Rien ne va plus! Nichts geht mehr. Manno mannomanno mann!

Also, es gibt keinen Grund hier durchzuatmen für die deutsche Mannschaft, Frankreich kommt rasend schnell.

41. MINUTE

JJR: Ballbesitz für Frankreich. Eigentlich muss man sagen: 2014, kein gutes Jahr, um gegen Frankreich zu spielen, denn die haben bislang in diesem Jahr noch gar kein Länderspiel verloren, also eine tolle Serie hingelegt unter Deschamps, dem neuen Trainer dieses Teams, der im Juli 2012 diese Nationalmannschaft übernommen hat.

AL: Ja, und dessen Serie, die macht mir so ein bisschen Angst, obwohl Deutschland 1:0 führt. **Als Spieler und Trainer hat er bei einer Weltmeisterschaft noch nie ein Spiel verloren. Das muss sich heute ändern.**

42. MINUTE

JJR: Armin, was beängstigend ist, dass all diese Flanken da hinein-gesegelt kommen in den Sechzehner, und dass sie alle so genau hineinkommen.

Und die Deutschen stehen da in der Mitte wie am Flughafen Charles de Gaulle und sehen die Bälle über sich hinwegsegeln und nichts passiert.

Es kommt immer wieder Gefahr durch diese Situationen über links und über rechts.

AL: Ja, keiner verhindert diese Flanken und in der Mitte steigt keiner hoch. Und das ist gegen Ghana, glaube ich, schon mal richtig ins Auge gegangen, als damals Mustafi einfach zuguckte. Zugucken ist verboten, hier musst du schon mitspielen.

45. MINUTE +1

AL: Die Nachspielzeitminute läuft auch schon und ist gleich rum. Deutschland führt mit 1:0, spielt phasenweise ganz ordentlich, aber das Ergebnis ist das Schönste an diesem Spiel aus deutscher Sicht, denn Frankreich ist die gefährlichere Mannschaft. Nicht die überlegene, aber die gefährlichere Mannschaft.

2. HALBZEIT

46. MINUTE

JJR: Es geht los mit der zweiten Halbzeit gegen unsere Nachbarn.
Wir dürfen einen Nachbarn zitieren, nicht aus Frankreich, sondern
aus Österreich, Hans Krankl: „Wir müssen gewinnen, alles andere ist
primär." Und das stimmt in jedem Fall in dieser Partie.

53. MINUTE

JJR: Khedira und Neuer, zwei, die heute Jubiläum feiern, die beide ihr
50. Länderspiel machen, müssen jetzt aufpassen, denn der Ball ist jetzt
drüben bei Griezmann gelandet. Und wenn der den besser angenommen
hätte als in dieser Situation, der kleine Flitzer da, der Außenbahnakrobat
dort auf der linken Seite der Franzosen, dann hätte es schon wieder
gefährlich werden können, aber in letzter Sekunde war Lahm noch da.

60. MINUTE

AL: **Es ist im Augenblick nach genau einer Stunde, ein Nichts, was Deutschland nach vorne spielt und es ist wacklig, was hinten zusammenläuft ...**

Die Franzosen machen viel mehr, investieren mehr in dieses Spiel,
haben die größere Zahl an Torchancen, aber treffen die Bude nicht.
Und das ist das einzig Beruhigende.

68. MINUTE

JJR: Das Spiel dümpelt im Moment schwer dahin, wenn man bedenkt, dass das das erste Viertelfinale ist. Achtung, Chance! Kroos mit dem Ball hinein, aber auch der ist schlecht gespielt. Der hat keinen gegen sich! Fünf Meter sind Platz zu Evra. Der kann so wunderbar schießen und bringt dann so einen schlechten Ball hinein.

Es muss was passieren, und was könnte es sein?

AL: ## Es passiert was!

JJR: ## Was könnte es sein, Armin, was anderes als der Mann, der auf den Flügeln alles auseinanderreißt?

AL: **Der Mann, der so genau weiß, was er mit seiner Hacke zu tun hat. Schürrle, André Schürrle kommt jetzt. Und bei Miro Klose, das hatten wir auch so erwartet, ist nach 70 Minuten der Akku leer.** Klose hat nicht viel gebracht. Schürrle wird also jetzt auf die Außenbahn gehen und Müller wird mehr in die Mitte rücken. Und Schürrle soll jetzt die schnellen Konter fahren, soll seine überragende Schusstechnik ausspielen, seine Schnelligkeit und die Franzosen mal jetzt ein bisschen vor Probleme stellen. Einziges Problem, was ich im Augenblick sehe: Sie kriegen den Ball kaum bis dahin, wo Schürrle eigentlich spielt.

JJR: Die spielen heraus, gleich wäre Schürrle gefragt gewesen, aber es ist Müller, Müller hat den Ball an der Ecke vom Sechzehner, bringt ihn flach hinein und neben das Tor! Na, immerhin.

73. MINUTE

AL: Es wird den nächsten Wechsel geben, Jens Jörg, bei den Franzosen. Und das ist jetzt schon ein offensiver. Muss er ja auch.

JJR: Ja, klar, er muss jetzt was machen. Mit Remy kommt ein neuer Mann hinein in die Mannschaft der Franzosen, der bei Newcastle United spielt, wo gleich ein halbes Dutzend spielt. Sie haben ja sowieso die meisten auf der Insel, bei PSG spielen die wenigsten, dem französischen Meister, da sind andere Großstars gefragt. Cabaye ist draußen. Gelegenheit für Schürrle. Schürrle allein durch, könnte in die Mitte spielen, Schürrle mit dem Schussversuch! Und Lloris ist da. Na, immerhin, Schürrle macht ein bisschen Alarm, hat ja ohnehin in seiner Geschichte in den Länderspielen als Joker viel gebracht. Sein 37. Länderspiel, zum 25. Mal eingewechselt – und dann hat er schon sechs Tore geschossen.

75. MINUTE

AL: Schweinsteiger. Schweinsteiger mit Glück, mit Dusel, aber jetzt Özil.

Und hinten stampft der Schürrle schon wieder heran. Özil auf Höhe des Strafraums. Hinten stampft der Schürrle ran. Müller setzt sich wunderbar durch und dann Özil ... nein!

Ein Franzose, Varane, dazwischen. Zum eigenen Torwart und der drischt das Ding erst mal nach vorne und damit die Gefahr vorbei.

76. MINUTE

JJR: Griezmann ist auf dem Weg in den Sechzehner hinein, der kleine Franzose, mit dem Ball, hinein gechipt in die Mitte, Valbuena mit der Direktabnahme, zu Benzema, Benzema.

Schuss und in letzter Sekunde ist Hummels da. Hummels und Neuer sei Dank, Deutschland führt noch 1:0.

AL: Ja, aber die nächste Aktion schon der Franzosen kommt wieder rein. Jetzt muss Manuel Neuer raus und fängt den Ball sicher ab. Mats Hummels: Weltklasse! Manuel Neuer: Richtig gut. Und Schürrle hat den Ball, aber noch tief in der eigenen Hälfte, guckt jetzt erst mal, wen kann ich anspielen. Fehlpass, ja, die Franzosen drücken natürlich jetzt. Vorne bietet sich auch zu wenig an. Da ist im Augenblick zu wenig Bewegung, sowohl bei Özil als auch bei Müller, der jetzt da vorne zentral in der Mitte ist. Über die rechte Seite kommen schon wieder die Franzosen, Flanke kommt in den Strafraum rein, Möglichkeit, hinten ist Cabaye. Der Schuss kommt. Abgeblockt! Matuidi war's natürlich, der da abzog. **Und Manuel Neuer ist zur Stelle. Frankreich presst und drückt auf den Ausgleich und wir müssen, wenn wir ganz ehrlich und objektiv sind, sagen, sie hätten ihn auch verdient.**

Jetzt Khedira, tankt sich da mal rein in die gegnerische Hälfte, will dann den Freistoß haben, Schiedsrichter sagt: Nein, war gar nix. Joachim Löw spricht mit dem Schiedsrichterassistenten draußen, der so ungern die Fahne hebt, und Frankreich hat den Ball.

JJR: Ja, dem hätten sie gar keine Fahne geben brauchen, der benutzt sie sowieso nicht. **Fahnenallergie!**

`80. MINUTE`

JJR: Lahm zu Özil, Özil auf der rechten Seite. Mannomann!

AL: # Wieder verloren!

JJR: # Das gibt's doch nicht!

AL: **Mann, Mann, Mann! Und jetzt läuft der Konter und jetzt fängt sich Schweinsteiger die Gelbe Karte ein, völlig zu Recht, weil er da ein taktisches Foul begeht. Und er kann hingehen zu Mesut Özil und sagen: Danke schön, dass du vorne schon wieder so den Ball verdaddelt hast.**

Also, der Bundestrainer muss das doch sehen. Die beraten sich jetzt unten auch gerade. Nimm den Özil bitte runter! Sonst geht das hier noch ins Auge. Es steht 1:0 für Deutschland. Er verliert jeden Ball. Und das kann nicht sein. Und jetzt haben wir Schweinsteiger und wir haben Khedira mit Gelben Karten, die sie sich eingefangen haben und wo sie aufpassen müssen in diesem Spiel, dass sie nicht Gelb-Rot sehen. Mann, Mann, Mann. Da kann man sich nur ärgern.

81. MINUTE

JJR: Achtung, Valbuenas Ball. Kommt sehr gut hinein und ist dann frei vorm Tor und fliegt herum. … Und bei wem müssen wir uns bedanken? Der hat die Fünf auf dem Rücken, glaube ich. Es war wieder Hummels, der da … dieses Mal hat der den Ball im Ping-Pong-Verfahren …

AL: Der hat ihn angeköpft bekommen und fast hätte er hier noch sein zweites Tor gemacht und es wäre ein Eigentor. **Ecke der Franzosen. Schwebt rein. Neueeer packt sich das Ding! Und jetzt wirf ihn schnell ab, der Müller bietet sich doch an. Und Müller rennt jetzt mit seinen langen Spargelbeinen und vorne bietet sich Özil an, keine Abseitsposition, muss weit raus- laufen auf die linke Seite.**

Aber es sind vier Deutsche mit aufgerückt, jetzt isser im Strafraum. Jetzt kommt der Querpass, Müller verfehlt, Schürrle ist da. Er scheitert!

Schürrle schießt und Lloris verhindert die Entscheidung im Maracanã. Endlich mal ein guter Konter! Müller semmelt am Ball vorbei, aber hinter ihm ist auch noch Schürrle mitgelaufen. Und das hat der Özil diesmal gut gemacht. Da wollen wir nicht über ihn schimpfen. Das hat er alles richtig gemacht. Genau gespielt, genau getimt, richtige Geschwindigkeit – und Schürrle schießt den Torwart an, und wir zittern weiter.

JJR: Armin, da war der Zeiger aber so im roten Drehzahlbereich. Also, als der gelaufen ist, haben mir die Beine wehgetan, der Özil. So hat der gekämpft um diesen Ball, klasse Sprint von ihm. Es ist die 81. Minute, es ist burtzelwarm hier in Brasilien und da zieht er so'n Ding ab, von der Mittellinie über 30 Meter, das war richtig gut. Den hätten nicht viele so gefährlich gemacht, den Ball, wie Özil in diesem Fall, müssen wir ihn auch mal loben.

83. MINUTE

AL: Mesut Özil muss runter. Er hat da eben diesen tollen Spurt hingelegt. Und der Wechsel dauert jetzt, alle trinken noch mal. Die Franzosen
auch. Und unten stocksauer der Thomas Müller, der gerade den Sprint
ansetzte, dann war der Pass von Kroos einen Tick zu weit und der Lloris
schießt den Ball, der Torwart der Franzosen, in Manuel-Neuer-Manier,
Lloris, der Libero, dieses Mal, schießt ihn raus ins Seitenaus, Müller hat
sich sofort einen anderen Ball geben lassen und wollte weiterspielen,
aber alle sind völlig erschöpft stehen geblieben. Jeder Franzose, jeder
Deutsche. Nee, jetzt ne Wasserflasche, nicht den Ball, bitte, nicht
laufen. Jetzt isser wieder im Spiel, der Ball. Lahm mit dem Einwurf.
Götze ist eingewechselt.

87. MINUTE

AL: Jetzt hat Müller den Ball. Müller auf der rechten Seite. Schürrle
zieht in die Mitte. Müller auf der rechten Seite, schüttelt seinen Gegenspieler ab wie eine lästige Fliege, dann legt er zurück auf Schürrle. Jetzt
mach das Tor! Er schießt wieder den Gegenspieler an. Wieder Riesenchance und toller Konter von Thomas Müller. Und jetzt Boateng,
immer noch 1:0. Den nehm ich noch mit, Jens, den nehm ich noch mit.
JJR: Ja, mach!
AL: Boateng! Der macht … nicht sein Tor. Er verliert ihn dann doch.

89. MINUTE

AL: Und weiter, nächster Angriff der Franzosen über Pogba, der zieht
den Ball in die Mitte, gibt's da Gefahr? Da ist hinten Griezmann, aber
der Ball zu hoch und den kriegt er nicht mehr. Die sind auch platt.
Ich kann das verstehen, weil wir sind hier oben platt, uns geht der Puls
natürlich auch bis zur Halskrause. Und da unten ist das dann so, dass du
auch noch rennen musst.

Quelle: Auszug aus der Live-Radioreportage vom 4.7.2014, Reporter: Armin Lehmann und Jens Jörg Rieck, produziert vom Südwestrundfunk im Auftrag der ARD-Radio-Programme

90. MINUTE

JRR: Blick zur Uhr: Noch 20 Sekunden. In der Sonne, in der Mittagssonne, bei uns geht's so langsam auf 15 Uhr, hier in Südamerika, an diesem Wintertag, der einer der schönsten Wintertage ist. **Und jetzt kommt das Täfelchen, und da steht, glaube ich, eine Vier, Armin!**

AL: # Oohh! Der Wahnsinn! Ne 4!

Wo hat er das denn hergenommen? Meine Eltern, das ist ja unglaublich.

Vier Minuten Nachspielzeit! Aber die kriegt das Team auch noch rum. Unten wird Kramer gleich eingewechselt, wenn ich das richtig sehe, der defensive Mittelfeldmann, einer von unseren Doppel-Sechsern kann nicht mehr. Und Götze hat den Ball. Götze hat den Ball. Spielt da gegen Debuchy und müsste einen Einwurf kriegen für Deutschland. Nimmt alles Zeit von der Uhr, nimmt alles Zeit von der Uhr.

90. MINUTE +2

JJR: **Kroos wird den Platz verlassen. Und Sie dürfen davon ausgehen, dass das jetzt keine TGV-Einlage wird, sondern dass er langsam herunterzockelt.**

90. MINUTE +4

JJR: Die Franzosen, die jetzt einen weiten Ball nach vorn schlagen. 30 Sekunden sind es noch. 30 Sekunden zum Halbfinale in Belo Horizonte. Achtung Benzema! Achtung Benzema, im Zweikampf, hat den Ball durchgespielt, Benzema, könnte schießen. An den Pfosten war das oder war das Neuers Hand?

AL: Mein Gott. Und immer noch die Franzosen, die letzten Sekunden der Nachspielzeit! ... Ich glaube Neuer war noch dran und hat den mit der Pranke an den Pfosten gelenkt. Riesenchance für Frankreich, dieser Schuss.
... Und jetzt ist Schluss! Deutschland steht im Halbfinale dieser WM in Brasilien!

HALB-
FINALE

DEUTSCHLAND - BRASILIEN

7 : 1

IN BELO HORIZONTE
ALEXANDER BLEICK &
JENS JÖRG RIECK

ANSTOSS:

08.07.2014, 22:00 Uhr

STADION:

Estadio Mineirao, Belo Horizonte

ZUSCHAUER:

58.141

DEUTSCHLAND – BRASILIEN

AUFSTELLUNG

Manuel Neuer	Julio Cesar
Philipp Lahm	Maicon
Jerome Boateng	David Luiz
Mats Hummels	Dante
Benedikt Höwedes	Marcelo
Bastian Schweinsteiger	Luiz Gustavo
Sami Khedira	Fernandinho
Toni Kroos	Bernard
Thomas Müller	Oscar
Mesut Özil	Hulk
Miroslav Klose	Fred

WECHSEL

46. Min.: Per Mertesacker für Hummels	46. Min.: Paulinho für Fernandinho
58. Min.: André Schürrle für Klose	46. Min.: Ramires für Hulk
76. Min.: Julian Draxler für Khedira	65. Min.: Willian für Fred

TRAINER

Joachim Löw   Luiz Felipe Scolari

SCHIEDSRICHTER

Marco Antonio Rodriguez Moreno (Mexiko)

KARTEN

– Dante (Gelb)

SPIELER DES SPIELS

Toni Kroos

„Das war ein Tsunami, der da über uns herein- gebrochen ist.“

Brasiliens Technischer
Direktor Carlos
Alberto Parreira

„Luxemburg hat niemals 1:7 gegen Deutschland verloren.“

Jean-Claude Juncker,
der luxemburgische Präsident
der EU-Kommission

TORSCHÜSSE

| Deutschland | Brasilien |

⚽⚽⚽⚽⚽ ⚽⚽⚽⚽⚽
⚽⚽⚽⚽⚽ ⚽⚽⚽⚽⚽
⚽⚽⚽⚽ ⚽⚽⚽⚽⚽
⚽⚽⚽

TORCHANCEN

| Deutschland | Brasilien |

BALLBESITZ

| Deutschland | Brasilien |

53% | 47%

ZWEIKAMPFQUOTE

| Deutschland | Brasilien |

52% | 48%

GEFOULT WORDEN

| Deutschland | Brasilien |

10 **14**

ECKENVERHÄLTNIS

| Deutschland | Brasilien |

5  7

ABSEITS

| Deutschland | Brasilien |

0 3

PASS-STATISTIK

MEISTE PÄSSE VON/ZU

Kroos → Schweinsteiger (13)
Deutschland

Luiz → Dante (18)
Brasilien

BESTE PASSQUOTE

Kroos 91%
Deutschland

Gustavo 90%
Brasilien

GESPIELTE PÄSSE

Deutschland **516**

Brasilien **449**

ANGEKOMMENE PÄSSE

Deutschland **434**

Brasilien **348**

FEHL-PÄSSE

D **82**

B **65**

PASSQUOTE

Deutschland   Brasilien

84%   **86**%

TOP-LAUFLEISTUNG

12,616 km
Schweinsteiger
Deutschland

11,297 km
Gustavo
Brasilien

TOP-GESCHWINDIGKEIT

31,79 km/h
Özil
Deutschland

31,61 km/h
Bernard
Brasilien

DIE MEISTEN SPRINTS

68
Özil
Deutschland

61
Maicon/Gustavo
Brasilien

VOR BEGINN

Jens Jörg Rieck: **Ich sehe gerade in den Spielertunnel hinunter, die Kameras fangen das ein und zeigen das auch dem Publikum hier, das ja mehrheitlich in Gelb ist. Das ist wie so ein riesiges Sonnenblumenfeld mit einigen weißen Klecksen dazwischen. Die Brasilianer haben sich schon wieder aufgestellt, die Schulter des Vormannes ergriffen mit der rechten Hand und werden gleich einlaufen. Bei den Deutschen: Ganz fokussierter Blick und nur einer lacht, das ist unser Mann mit dem Charlie-Chaplin-Laufstil, das ist Müller, unser bester Torschütze, der freut sich offensichtlich.
Die Aufstellung ist dieselbe wie gegen Frankreich. ...
Vorn unser Sturmopi, unser Miro Klose, der hier noch mal aufläuft und vielleicht sogar diesen Rekord knackt, eines Brasilianers, von Ronaldo, sie sind ja gleich mit 15 Toren. Trifft er noch einmal, ist er WM-Rekordtorschütze.**

1. HALBZEIT

1. MINUTE

Alexander Bleick: Die Spieler stehen bereit am Anstoßpunkt, die Deutschen, und warten darauf, dass in dieser Sekunde Schiedsrichter Marco Rodriguez das erste Halbfinale dieser Fußballweltmeisterschaft freigegeben hat. Der Ball läuft bei der deutschen Mannschaft auf der rechten Seite, bei Jerome Boateng, der ihn prompt verloren hat. Eine Riesenkulisse, mehr als 60.000 sind da, fast 60.000 Brasilianer, drei-vier-, vielleicht sind's fünftausend Deutsche, sind mit dabei, die hoffen, die zittern, die bangen, ob die deutsche Mannschaft dieses Halbfinale hier gewinnen kann.

3. MINUTE

JJR: Einwurf für die brasilianische Mannschaft. **Sie hören es im Hintergrund: Infernalischer Lärm hier. Riesen Anfangsphase der Brasilianer.** Die Deutschen vorm Sechzehner abgefangen, kein Foul, dafür jetzt Marcelo, der schießt, am Tor vorbei. … Die Deutschen wirken nervös in dieser Anfangsphase. Das gefällt mir noch nicht, die Körpersprache im Moment.

5. MINUTE

AB: Joachim Löw ist gar nicht zufrieden. Der tigert da unten auf und ab neben der deutschen Bank, schaut dem Treiben des Spiels in dieser Anfangsphase mit besorgter Miene zu. Nicht mal fünf Minuten gespielt und die deutsche Mannschaft hat das noch lange nicht umsetzen können, was sie sich vorgenommen hat, nämlich hier voll dagegenzuhalten, selbstbewusst aufzutreten, um das große Ziel, das Finale, anzustreben.

`10. MINUTE`

JJR: Schöne Spieleröffnung auf die linke Seite. Hulk könnte den Ball aus der Luft herunternehmen, tropft ihm aber ein bisschen weg, geht in Richtung Eckfahne, mit ihm, dieser bullige Mann mit dem Bodybuilder-Körper, der so ein bisschen aussieht, als ob er öfter mit der Hantel unterwegs ist als mit dem Ball. …

AB: Was mir Hoffnung macht: Auch die Brasilianer zeigen Nerven in dieser Anfangsphase dieses Spiels. Auch da klappt nicht alles. Also auch das ist ein Zeichen dafür, wie groß der Druck ist auf
dieser brasilianischen Mannschaft. Erste Ecke für die deutsche Mannschaft von der rechten Seite, Toni Kroos visiert die Mitte an. Zwei, drei Schritte wird er Anlauf nehmen mit den weißen Schuhen, bringt den Ball Richtung Elfmeterpunkt.

Schuss, Tor! Tor! Thomas Müller ist da!

Hat sich freigestohlen im Rücken der brasilianischen Abwehr. …
Hinten, da sind sie auf den ersten Pfosten nach vorne gestürmt und
die Abwehr ist drauf reingefallen und hat den Müller übersehen.
Und der Müller macht das Tor. Sein Fünftes in dieser WM. In der
elften Minute für die deutsche Mannschaft, erneut nach einem
Standard von Toni Kroos, einer Ecke, klasse gemacht. Und was
für ein Stellungsfehler, Jens Jörg, da in der brasilianischen Hinter-
mannschaft.
JJR: David Luiz stand da blank, das war dilettantisch von den
Brasilianern, wunderbar für Deutschland. Müller mit dem rechten
Fuß an César vorbei, der zwar noch runtergeht, aber chancenlos ist.
… Er hat eben das Besondere, der Raumdeuter Müller, der die
Räume erkennt, wo keine sind, und das war jetzt eben wieder so.

16. MINUTE

JJR: Ja, Joachim Löw war gerade sauer. Er sagt: Da haben wir
uns hinten nicht gut und geschickt verhalten, nicht gut herausgespielt von der linken Seite aus. Am liebsten, das sind ja frag-
würdige Modelle, die er da vorgeschlagen hat, würde er diesen
kleinen Lahm ja klonen. Das ging Gott sei Dank nicht, aber er
könnte ihn brauchen. Jetzt auf der anderen Seite Marcelo ist
durch und in letzter Sekunde ist Lahm unten. Und er spielt
den Ball. Der spielt wohl den Ball, aber jetzt gibt's ein schönes
Gerangel da mit Marcelo. Und Lahm ist auch zur Stelle und
Müller ist dazwischen. **Große Männerdiskussionsrunde.**
Und dahinter steht Neuer, der ist ein bisschen größer als die alle,
vielleicht deswegen beruhigt sich das Ganze auch.

22. MINUTE

JJR: Im Moment rollt das Spiel bei den Brasilianern nicht.
Der Ball kommt etwas glücklich bei Kroos an.

Toni Kroos ... im Sechzehner ... herüber gespielt zu Müller, abgelegt auf Klose:

Klose!

Klooos

Waaa

sIIIIIIIII

eeeee!
aahn
iinnn!

AB: **Tooooor! Miroslav Klose. Das ist ja unglaublich! In der 23. Minute, im zweiten Versuch.** Der erste Schuss ein bisschen schwach, Júlio César kann ihn parieren, kann ihn abprallen lassen. Aber Klose ist noch mal da, und aus acht Metern stochert er das Ding über die Linie. Und das ist ja nicht zu fassen! **Das ist das Rekordtor, der 16. Treffer bei einer Weltmeisterschaft. Keiner hat so viele gemacht.** Miroslav Klose bringt die deutsche Mannschaft mit 2:0 in Führung. Meine Güte! Den Brasilianern, den flattern die Nerven … Und die Deutschen haben das klasse gemacht. Klasse gespielt über vier Stationen. Ausgangspunkt der Klassepass da von Toni Kroos, in den Sechzehner hinein. Und dann haben sie wunderbar übergeben. Ich glaube es ist Müller gewesen, der den Ball mitnahm und ihn dann liegen ließ für Klose. Der schoss das erste Mal, César parierte, er schoss das zweite Mal, und da war er drin zum 2:0. Wie schön ist das denn?
JJR: Das ist super. Das war die Ruhe eines Anglers. Miro Klose, eiskalt vor dem Tor. 16. WM-Tor, das ist natürlich super, die Geschichte. Er, 2002, als Einziger der hier auf dem Rasenrechteck Stehenden, war er mit dabei. Aber jetzt gibt es die Gelegenheit für Bernard! Aber da steht auch noch Neuer. An dem prallt jetzt der kleine Flitzer da auf dem Flügel, von Schachtar Donezk, ab. Unser Mann mit der Nummer 1 im deutschen Tor hat den Ball, sensationell in diesem Turnier. Manu, der Libero, haben wir ja erlebt. Wie er viel nach vorn gestürmt ist, als die Mannschaft sich so ein bisschen gegen Algerien durchgezittert hat. Und auch in großen Szenen, beispielsweise gegen die Franzosen. In den letzten Sekunden war er da. Kroos mit dem Ball am Fuß in der brasilianischen Hälfte. Deutschland 2:0 vorn, falls Sie gerade reinhören.

Ja! Sie hören richtig. Wir sind nicht betrunken, keine Caipirinhas.

Nächste Gelegenheit... und Direktschuss – und Tooooooooooooooorrr!!

3:0! 3:0, 3:0, 3:0, 3:0!

Toni Kroos! Direktabnahme, hurra, hinein das Ding, Krawumm-Karneval in Belo Horizonte! Die Brasilianer sind sprachlos.

AB: **Manuel Neuer ist dahinten zu den deutschen Fans gelaufen, ist über die Bande gesprungen und hat die Fäuste geballt, hat sich da feiern lassen. 3:0 nach 25 Minuten – und was war das für eine Traumkombination über den rechten Flügel!** Herrlich, der Pass von Özil Richtung Grundlinie, da war Philipp Lahm, der in die Mitte … da verpasste zunächst da der Müller und er ließ ihn durchrutschen … und dann stand da Toni Kroos ganz blank da, aus etwa zwölf Metern vor dem Tor. Und direkt mit dem linken Fuß, volles Risiko, Spann in die linke untere Ecke. Júlio César noch dran mit der einen Hand ein bisschen. Aber den konnte er nicht parieren. Den konnte er nicht mehr halten. Der war drin. Der war drin, der zappelte im Netz. Und Deutschland führt hier mit 3:0 nach 25 Minuten.

Ja, meine Güte. Ich fass es nicht! Ich fasse nicht, was ich hier gerade sehe. Schon wieder. Achtung! Kroos, ein Fehler, spielt weiter auf Khedira, wieder auf Kroos, der schießt. Tor! 4:0! 4:0! Die Deutschen spielen hier Jojo mit den Brasilianern. Die spielen Jojo! Das kann doch wohl nicht wahr sein! Sie spielen im Sechzehnmeterraum mit den Brasilianern brasilianischen Fußball. Und die Holzhacker spielen in Gelb und Blau. Es ist nicht zu fassen. Deutschland führt mit viiiiier zu nuuuull!

JJR: Ja und wenn Sie jetzt denken: Ist das hier eine Satire oder ist das wirklich das richtige Radio, was ich da eingeschaltet habe? Deutschland 4:0? Mitte der ersten Halbzeit? Jawoll, es ist keine Caipirinha-Party. Wir schauen herunter und jetzt sagen Sie nicht: Das haben Sie gewusst. 4:0 für Deutschland nach 26 Minuten, das hatt ich doch auch getippt. **Keiner! Keiner hatte das getippt. Und die Brasilianer sind mal sowas von der Rolle. Das ist so ungefähr wie Zugspitze gegen Zuckerhut und der stinkt da mal richtig ab mit seinen 700 Metern gegen diese 3000 Meter bei uns in Deutschland.**

Deutschland vorn 4:0 und absolut verdient, weil die Brasilianer im Moment überhaupt nicht mehr wissen, wie dieses Spiel geht. Sie haben das jogo bonito wunderschön betrieben, aber jetzt sind sie völlig entzaubert worden von den Deutschen, die in Schwarz und Rot schon wieder kommen, Nächster rollt. Aber diesmal bleibt er bei Gustavo hängen, der jetzt erst mal wahrscheinlich zur Beruhigung seinen Schlussmann oder Dante, es ist Dante, einschaltet. **Das ist ein Spielverlauf, der zu den sensationellsten der Geschichte des Weltfußballs gehört. Denn wir reden hier vom Rekordweltmeister und wir reden von Deutschland. Sie hören in ein Halbfinale hinein. Deutschland führt nach 26 Minuten 4:0.**

AB: Brasilien spielen sich den Ball hin (und her), und die deutschen Fans skandieren: Finaaaale, oh-oh-oh. Finaaale, ohoh. Also, es ist nicht zu glauben. Wir müssen schon wieder sehen, dass wir uns hier konzentrieren, dass wir Ihnen hier vernünftige Reportagen anbieten, dass wir uns nicht mitreißen lassen, von dem, was man gar nicht glauben kann. **Ich hab das Gefühl, das ist irgendwie „Versteckte Kamera", das findet gar nicht statt, das ist gar nicht wahr, was auf dem Rasen stattfindet.** Die Körpersprache bei den deutschen Spielern jetzt, alle sind sie da, die sind hellwach und die Brasilianer, die scheinen geschrumpft zu sein. Haben die die zu heiß gewaschen? Ich weiß es nicht, die wirken auf einmal alle 20 Zentimeter kleiner. Versuchen jetzt aber durchs Mittelfeld zu kombinieren. Auf den kleinen Bernard, Kroos ist mit zurück gelaufen, kann ihn nicht erreichen. Hulk angespielt am rechten Flügel. Außen läuft Maicon mit. Da will der Hulk aber den Pass in die Mitte schlenzen. Dazwischen kollektiv auch ein Mesut Özil, der nach hinten auf einmal mitgearbeitet hat, sich dann trotzdem aber ablaufen lässt gegen Fernandinho, den Zweikampf verliert. Fernandinho wieder auf Maicon am rechten Flügel in Höhe des Strafraums. Maicon legt den Ball vorbei an Özil, aber zu weit, zu weit. Und dann ist er bei Höwedes, der will den Brasilianer anspitzeln, das klappt nicht. Ball im Aus, Einwurf für Brasilien, auf Hulk gegeben, der zieht in Richtung Grundlinie, geht zu Boden. Freistoß für die Brasilianer. Nee! Ne Schwalbe war's. Hat der Schiedsrichter gesagt, Marco Rodriguez. Muss ich sagen, ich hab erst gedacht, das war das Foul schon. Aber Höwedes sagt gleich: Meine Güte, hast du denn sowas nötig? Nee, nee, das war ganz klar, war ne Schwalbe vom Brasilianer. Also vielleicht das letzte Mittel vorm Sechzehner jetzt mal einen Freistoß rauszuschinden. Meine Güte, das ist nicht zu fassen. Und da unten der Baumeister des gefühlten brasilianischen neuen Fußballwunders, des sechsten Titels, Felipe Scolari, steht dort, hat die Arme verschränkt. Der Schnauzbart wirkt noch ein bisschen länger, breitet die Arme jetzt aus, als wollte er sagen: Meine Güte, was ist denn hier los? Was ist denn da auf einmal passiert? Sie haben so gut angefangen. Die Deutschen waren mit den Nerven total durcheinander. Und dann mit diesem ersten Schuss von Khedira in der achten Minute war es anders.

Schon wieder hingeguckt, vorm Sechzehner der Brasilianer, aber Luiz, der Kapitän, löffelt den Ball raus in die deutsche Hälfte, auf die Brust von Hummels. Der tritt jetzt an, könnte zwischen zwei Brasilianern durchspielen, tut das auch, hat da Khedira gefunden.

Der ist im Sechzehner, legt auf links auf Özil, der auf Khedira, der schießt – Tooooorrr! Der schießt ... Toooor! Fünf! Zu! Null!

JJR: Da hätten wir ja ein größeres Blatt mitnehmen müssen. 5:0 für Deutschland! Wir sollten den Antrag stellen, nur noch am 8. Juli zu spielen. An diesem Tag ist Deutschland auch Weltmeister geworden 1990 gegen die Argentinier. Es gab den Erfolg im Spiel um Platz drei. Und es gibt, und das können wir jetzt schon festhalten, eines der denkwürdigsten Spiele in der Geschichte des deutschen Fußballs.

Blick zur Uhr:
30 Minuten vorüber.

Wir hatten ja gebeten, dass vielleicht ein paar Hinweise kommen über sportschau.de, ein paar Fragen. Aber wahrscheinlich glauben Sie gar nicht, was Sie hören. Aber es stimmt: **Es steht 5:0 für die deutsche Mannschaft. Es läuft die 30. Minute. Die Torschützen schnell, falls Sie später mal sagen wollen: Ich hab bei dieser denkwürdigen Nacht das und das gemacht und dann habe ich gehört Müller, Klose, Kroos zweimal und Khedira waren am Ende schon nach 30 Minuten für dieses 5:0 der deutschen Mannschaft verantwortlich.** Brasilien kann eigentlich jetzt schon aus dem Spiel herausgehen, ist geschlagen und trabt auch in der Körpersprache so über das Feld.

32. MINUTE

AB: Ganz betretene Mienen hier im Stadion auf der Bank der Brasilianer. Und bei der deutschen Elf, da können sie es nicht glauben.

JJR: Ja, Joachim Löw hat jetzt auch beschlossen, dass das jetzt irgend wie eine ganz entspannte Situation ist. Er hat sich hingesetzt. Das reicht, findet er. Das finden wir auch. 5:0 nach 31 Minuten.

37. MINUTE

AB: Wenn wir uns mal so umschauen, da sehe ich Tränen in den Gesichtern zahlreicher brasilianischer Fans, die das nicht glauben können. Und der Trainer hat ihnen doch vorher gesagt: Nur wir können Weltmeister werden, keiner hat so gute Fußballer wie wir. Keiner hat das Siegergen so wie wir. Das haben sie geglaubt. Und jetzt werden sie entzaubert mit 0:5.

42. MINUTE

AB: Die Deutschen haben den Ball schon wieder zurückerkämpft, lassen ihn laufen ein bisschen mit Tiki-Taka durch die Hälfte der Brasilianer. Viel, viel Platz. **Das ist jetzt wie im Training bei Fünf-gegen-zwei. Die Brasilianer laufen gar nicht mehr hinterher.**

45. MINUTE

AB: Fußballgeschichte wird geschrieben am heutigen Tag, am 8. Juli 2014 in Belo Horizonte.

45. MINUTE +1

JJR: Die Frage Badelatschen oder Wanderstiefel, Brasilien oder Deutschland, sie ist eindeutig beantwortet: Wanderstiefel sind hier angesagt, denn die spielen brasilianisch, führen hier mit 5:0. … 5:0! Jetzt gibt's den Halbzeitpfiff! Keiner kann es glauben, ich auch nicht. Ein unglaublicher Tag, der mit einem großen Pfeifkonzert der mehr als 60.000 Brasilianer hier in Belo Horizonte quittiert wird.

Brasilien geht im Chaos unter und Deutschland führt unerwartet hoch mit 5:0!

VOR BEGINN 2. HALBZEIT

JJR: Natürlich muss man mit dem Begriff „historisch"
vorsichtig sein, aber das, was hier passiert ist in diesen ersten
45 Minuten, jetzt da beide Mannschaften wieder auf dem
Platz sind. 5:0 für das deutsche Team, nach einem besseren
Start der Brasilianer und dann diese Phase speziell zwischen
der 20. und der 30. Minute mit gleich vier Toren, als eine
desorientierte brasilianische Mannschaft, die im Moment den
Ball hat und auf die Zeichen des Schiedsrichters wartet, hier
beginnen zu dürfen, für diese zweiten 45 Minuten, das war
außergewöhnlich. Der 8. Juli scheint ein wunderbarer Tag
zu sein. Wir haben da das WM-Finale, das letzte, gewonnen.
Vielleicht sollten wir beantragen, immer dann zu spielen, Alex?
AB: Das wäre keine schlechte Geschichte, während die
deutsche Mannschaft jetzt bereitteht und erwartet, dass die
Brasilianer die zweite Halbzeit beginnen. Deutschland mit
einem neuen Spieler auf dem Platz. Per Mertesacker bekommt
das Signal vom Bundestrainer: Du gehörst auch hier zu
meiner allerersten Truppe. Auch wenn du heute nicht von
Beginn an mit dabei sein durftest. Mertesacker also jetzt für
Hummels, der darf sich ausruhen. Hat ein Klassespiel
gemacht. Und die Brasilianer haben zweimal getauscht, haben
Hulk rausgenommen, der war heute wirkungslos, der bullige
Stürmer. Dafür Ramires in der Partie, Mittelfeldspieler.
Und Fernandinho ging raus, der Sechser, der auch ganz ent-
täuschend gespielt hat, Paulinho für ihn mit dabei.

2. HALBZEIT

47. MINUTE

AB: Neuer, was für ein Abwurf. Direkt an die Mittellinie auf
die Brust von Khedira. **Der Neuer, der ist so präzise mit
seinen Abwürfen. Wenn der will, dann trifft der das
einzige Gänseblümchen in 50 Meter Entfernung.
Unglaublich.**

50. MINUTE

AB: Brasilien mit Schussversuch! Von der Sechzehnmeterlinie, abgeblockt, einmal, Fred jetzt, holt ihn raus, spielt in den Lauf von Ramires, der quer – Neuer dazwischen! Verhindert das Ehrentor. Da wäre er ganz blank gewesen, der Oscar. Da haben sie mal gut kombiniert, das war ein Hauch brasilianischer Fußball, den wir da gerade gesehen haben. Die Deutschen müssen aufpassen, dass sie da sich jetzt nicht den Schlendrian hereinholen und die Brasilianer durch eigene Schludrigkeit wieder stark machen.

JJR: Ist doch gut, dass wir einen Torwart mitgebracht haben zu diesem Halbfinale, und zwar den besten der Welt. Manuel Neuer, klasse Parade von ihm.

51. MINUTE

JJR: Brasilien trabt nach vorn, trägt den Angriff vor, in des Wortes wahrstem Sinne, das dauert jetzt ein bisschen mit Dante, dann gespielt auf Bernard. Hier drüben rechts wäre die Gelegenheit, Marcelo mitzunehmen. Angriff läuft, Khedira bleibt weg, Angriff läuft immer noch, Brasilianer in der Mitte, Ramires frei, herüber gespielt.

Oscar, Tor! Nein! Wieder Neuer! Teufelskerl! Manuel Neuer hält Deutschland im Spiel. Der war superschwer zu halten.

AB: … Ecke kommt rein, Neuer mit einer Faust, ist in Bedrängnis, nur 20 Meter vors Tor. Özil lässig vorbeigesprungen am Ball, da versucht Marcelo zu schießen, zum Glück ist Höwedes da, baut sich vor ihm auf, blockt den Ball ab. Die Deutschen nach wie vor unter Druck. **Brasilien mit Kopfball in den Sechzehner, Schussmöglichkeit, wieder Neuer! Noch mal! Noch mal Neuer! Ja, meine Güte. Und jetzt ist er sauer, der Manuel Neuer.** Geht zum Schiedsrichter und sagt: Da war doch vorher schon lange ein Foulspiel bei dieser Ecke, als ich in der Luft attackiert wurde. … Manuel Neuer mit zwei Weltparaden.

JJR: Was für ne Show von Manuel Neuer!

58. MINUTE

AB: Joachim Löw wird jetzt erst einmal auswechseln. Steht dort unten, ist auch ein bisschen ungehalten, weil die Schiedsrichter so viel durchgehen lassen in dieser Partie. Da steht André Schürrle. **Und heraus geht der Mann, der heute WM-Geschichte geschrieben hat. Miroslav Klose. Mit seinem 16. WM-Tor hat er einen Rekord aufgestellt.**

60. MINUTE

AB: Was war das eben für eine schöne Szene. Die deutschen Fans haben Miroslav Klose mit Sprechchören gefeiert. Und die Deutschen im Sechzehner, Müller ist da. Und da ist der Torwart auch da und grätscht den Ball ins Toraus zur Ecke. Müller macht auch beinah noch sein sechstes WM-Tor. Meine Güte. Aber das war schön, und Klose stand noch mal auf von der Bank, applaudierte den Fans, bedankte sich dafür. Und die skandierten eben auch zu den Brasilianern: „Ihr seid nur ein Karnevalsverein." Also: Hohn und Spott für den fünfmaligen Weltmeister hier in Belo Horizonte. Ecke kurz ausgeführt der Deutschen, von Müller auf Özil gegeben, dann Müller weitergeleitet auf Schweinsteiger. 30 Meter vor dem Tor, legt quer auf Khedira. Mittelstürmerposition. Ganz außen hat sich Schürrle angeboten, am rechten Flügel, stoppt den Ball mit rechts, tritt einmal drauf, wieder quer auf Khedira, angetäuschte Flanke, mitgenommen, dann nach links verteilt auf Kroos, der holt aus, spielt den Pass an den Sechzehner auf Müller, der schlenzt in den Winkel … Nein! Drüüüüber, weil der Torwart noch da ist. Júlio César. Wie kann man nur als Eltern darauf kommen das Kind Julius Caesar zu nennen? Hab ich mich immer gefragt. Aber in Brasilien ist das nicht ungewöhnlich. Und da zeigt er mal, dass er wirklich auch ein guter Keeper ist. Lenkt den Ball übergreifend mit der linken Hand über die Latte und verhindert das sechste WM-Tor von Thomas Müller.

67. MINUTE)

JJR: Die Deutschen könnten jetzt kontern. Der Raum wäre da für Schweinsteiger. Schweinsteiger und Schürrle. Schürrle oder Schweinsteiger. Schürrleeee!

69. MINUTE

JJR: Özil hat den Ball, hat ne Idee, findet Kroos. Da vorne wird gekreuzt. Das ist mit Schürrle der Fall. Lahm rückt auf, spielt heraus auf die rechte Seite zu dem, wie gesagt, sehr offensiven Khedira, der noch mal zu Lahm, der zentral in die Mitte – und …

Tooooorrr!
Na bitte, Schürrle haben wir ja auch noch eingewechselt.

Und da macht er sein Tor für die deutsche Mannschaft. Müller stand direkt daneben. Das ist heute einfach, Tore zu schießen, der Gegner heißt ja auch nur, in Anführungsstrichen, Brasilien. Sehr schön rausgespielt.

Was – für – ein – Nachmittag für das deutsche Team …

Über die rechte Seite richtig auseinandergespielt, die Brasilianer, als ob das gar nix wäre. Wie Blau-Weiß Banane. Da stehen sie da hinten und passen überhaupt nicht auf. Und am Ende schiebt Schürrle den Ball vorbei am Schlussmann, an César, zum 6:0. Jetzt sag nicht, Alex, das hast du geahnt.

AB: Um Gottes Willen. Und das Verrückte ist ja, wenn der Schürrle ihn nicht macht, dann macht ihn der Müller. Die stehen da beide frei nach diesem klasse Zuspiel von Philipp Lahm. Und der Schürrle sagt: Hey, lass das Ding, ich mach den einfach. **Und er macht ihn einfach, und es steht 6:0.** Und wenn Sie sich jetzt fragen: Hat eine deutsche Fußballnationalmannschaft überhaupt schon mal so hoch bei einer WM gewonnen, kann ich Ihnen sagen: Jawohl, 8:0 gab's schon mal gegen Saudi-Arabien 2002. Aber das war Saudi-Arabien, und das hier ist Brasilien. Und eine brasilianische Mannschaft hat noch nie bei einer WM mit mehr als drei Toren Differenz verloren. Höchste Niederlage: WM-Finale 1998 gegen die Franzosen, in Paris, 0:3 damals. Das war ein ganz schwarzer Tag aus brasilianischer Sicht. Aber der hier heute ist noch viel schlimmer. Fred inzwischen ausgewechselt, gerade eben. Sie haben's vielleicht am Pfeifkonzert gehört, dafür jetzt Willian in der Partie.

76. MINUTE

AB: Jetzt gibt's den Wechsel. Raus geht Sami Khedira und rein kommt Julian Draxler.

78. MINUTE

AB: Die deutschen Fans singen: „So ein Tag, so wunderschön wie heute … der dürfte nie vergehen." Und Boateng spielt den Ball locker zurück auf Schweinsteiger in die eigene Hälfte, weiter auf Mertesacker. Ich schau mal ein bisschen, was macht der Julian Draxler? Der steht da auf rechtsaußen, würde sich auch freuen, wenn er mal einen Ball kriegt, sagt: Ich will ja nicht nur auf'm Platz sein, ich würde auch gerne mal mitspielen. Einmal zumindest mal den Ball berühren. Aber Philipp Lahm spielt ihn nicht an, der passt lieber zurück zu Manuel Neuer, zu seinem Torwart. Und jetzt lassen sie die Brasilianer mal ein bisschen sich ruhiger laufen, nachdem eben da ja der Kapitän so heiß gelaufen ist, David Luiz keine Gelbe Karte sah für diese absolute Unbeherrschtheit dort, als er einmal ausholte und den Ball Richtung Thomas Müller dreschen wollte, nachdem er sich ein bisschen behakt fühlte vom Thomas Müller, der jetzt den Ball hat. An der linken Eckfahne direkt weiterleitet in den Sechzehner auf Schweinsteiger.

Toooor, Tooor, Schürrle ist es gewesen! Der andere Blondschopf mit links unter die Latte! Und Júlio César liegt dort, muss sich von seinem Kapitän aufhelfen lassen.

Null – zu – sie – ben!!! Null – zu – sie – ben!

Gibt's denn das? Gibt's denn das? Ich fass es nicht.

JJR: Ja, das war doch wunderschön. Also, der geht normalerweise gar nicht rein, der Ball. Und der haut ihn mit Schmackes da unters Dach vom Tor. Und für César keine Chance. Der natürlich auch jetzt, der Mann, der bei Toronto spielt, den bittersten Abend seiner Karriere erlebt. Das war richtig großer Fußball, diese direkte Hineinnahme von Müller und dann die Abnahme volley unters Dachgebälk, klasse mitgenommen mit dem rechten Fuß, abgeschlossen mit dem linken und César ist geschlagen. Wunderschönes Tor!

88. MINUTE

AB: Es ist eine nationale Tragödie. 200 Millionen Brasilianer, die werden diese Woche nicht begreifen.

89. MINUTE

JJR: Die Deutschen starten mit vier gegen vier. **In der Mitte haben wir den Sprint von Özil. Kommt er an den Ball noch ran? Jawoll, Özil im Eins-gegen-eins. Özil macht das Tor. Neeeeiiinnn!** Es passt zu Özil. Es ist nicht zu fassen, was der hier für ein Turnier spielt. Da ist er jetzt blank, so ein begnadeter Fußballer. Und ich weiß, dass wir mit unseren Kritiken immer ein bisschen strenger sind, weil er eben so viel kann, weil seine Füße eben mit dem Ball sprechen können. Und dann schiebt er das Ding da am Tor vorbei. Es hätte das 8:0 sein können.
Auf der Gegenseite Oscar mit der Gelegenheit jetzt wenigstens ein Tor zu machen. **Und da ist es! Jawohl! Brasilien kann doch noch Tore schießen.** Aber, Alex, wir müssen nicht mehr zittern. …
Wir können schon langsam das Schlusswort herausholen. Das geht heute an Felix Magath mit einem Paradoxon: Das war europäische Weltklasse von der deutschen Mannschaft. Selbst wenn es jetzt hier am Ende 1:7 steht.
AB: Und einer ist sauer, das ist Manuel Neuer. Der hat hier fünf, sechs Weltklasseparaden gezeigt und jetzt lassen sie ihn da doch noch ein Ding einschenken, weil die Deutschen an der Mittellinie auf Abseits spielen.

Quelle: Auszug aus der Live-Radioreportage vom 8.7.2014, Reporter: Alexander Bleick und Jens Jörg Rieck, produziert vom Südwestrundfunk im Auftrag der ARD–Radio–Programme

90. MINUTE

JJR: Und jetzt gibt es in die Pfiffe der Brasilianer hier den Pfiff hinein. Wir haben gesagt, man soll die Vokabel historisch nicht zu oft bemühen. Aber es war eine historische Nacht in Belo Horizonte.

Deutschland fegt Brasilien vom Platz mit

und ist jetzt der große Favorit auf den Titel in der Nacht am Sonntag, dann am 13. Juli.

ALEXANDER BLEICK & JENS JÖRG RIECK
IN BELO HORIZONTE

Den ganzen Tag hatte das brasilianische Fernsehen in Sondersendungen über das bevorstehende Halbfinale zwischen Brasilien und Deutschland berichtet, hatte die Mannschaften verglichen und die Bedeutung des Ausfalls von Neymar analysiert. Eine Liveschaltung zum Teamhotel der Brasilianer jagte die nächste. Als die Spieler rund zwei Stunden vor dem Anpfiff den Bus zum Stadion bestiegen, erreichte der Wahnsinn einen weiteren Höhepunkt: Die gesamte Fahrt wurde live im Fernsehen und von den Fans in und vor der Arena bejubelt. Als kurz danach das deutsche Team in die Katakomben des Stadions von Belo Horizonte einfuhr, wurden die Spieler von einem infernalischen Pfeifkonzert der brasilianischen Fans begrüßt: Einer der Ersten, die aus dem Bus stiegen, war Toni Kroos. Er schaute nicht auf den Boden sondern erhobenen Hauptes erst nach links, dann nach rechts und dann direkt in die Kamera. Da war kein Flackern in seinen Augen zu sehen, kein bisschen Nervosität, stattdessen eine geballte Ladung Selbstbewusstsein. „Wir haben keine Angst", schien dieser Blick zu sagen, „wir wissen was wir können, wir sind noch nicht fertig bei dieser WM." Und in diesem Moment dachte ich: Das kann heute ein denkwürdiger Fußballabend werden.

FINALE

DEUTSCHLAND – ARGENTINIEN

1 : 0 n.V.

IN RIO DE JANEIRO
ARMIN LEHMANN &
JENS JÖRG RIECK

ANSTOSS:
13.07.2014, 21:00 Uhr

STADION:
Estadio do Maracana, Rio de Janeiro

ZUSCHAUER:
74.738 (ausverkauft)

DEUTSCHLAND – ARGENTINIEN

AUFSTELLUNG

Manuel Neuer	Sergio Romero
Philipp Lahm	Pablo Zabaleta
Jerome Boateng	Martin Demichelis
Mats Hummels	Ezequiel Garay
Benedikt Höwedes	Marcos Rojo
Bastian Schweinsteiger	Lucas Biglia
Christoph Kramer	Javier Mascherano
Toni Kroos	Ezequiel Lavezzi
Thomas Müller	Enzo Perez
Mesut Özil	Lionel Messi
Miroslav Klose	Gonzalo Higuain

WECHSEL

31. Min.: André Schürrle für Kramer	46. Min.: Sergio Aguero für Lavezzi
88. Min.: Mario Götze für Klose	78. Min.: Rodrigo Palacio für Higuain
120. Min.: Per Mertesacker für Özil	86. Min.: Fernando Gago für Perez

VTRAINER

Joachim Löw	Alejandro Sabella

SCHIEDSRICHTER

Nicola Rizzoli (Italien)

KARTEN

Schweinsteiger (Gelb)	Mascherano (Gelb)
Höwedes (Gelb)	Aguero (Gelb)

SPIELER DES SPIELS

Mario Götze

„Ich habe Mario Götze gesagt: Zeig der Welt, dass du besser bist als Messi."

Joachim Löw

„Nur noch kurze Zeit erhältlich – Deutschland-Trikot mit 3 Sternen."

Werbespruch des Sportartikelherstellers Adidas vor dem Endspiel

TORSCHÜSSE
Deutschland | Argentinien

⚽⚽⚽⚽⚽ | ⚽⚽⚽⚽⚽
⚽⚽⚽⚽⚽ | ⚽⚽⚽⚽

TORCHANCEN
Deutschland | Argentinien

BALLBESITZ
Deutschland | Argentinien

64% | 36%

ZWEIKAMPFQUOTE
Deutschland | Argentinien

54% | 46%

GEFOULT WORDEN
Deutschland | Argentinien

| 16 | 19 |

ECKENVERHÄLTNIS
Deutschland | Argentinien

5  3

ABSEITS
Deutschland | Argentinien

3 2

PASS-STATISTIK

MEISTE PÄSSE VON/ZU

Lahm → Kroos (24)
Deutschland

Garay → Rojo (13)
Argentinien

BESTE PASSQUOTE

Schweinsteiger 86%
Boateng 86%
Deutschland

Demichelis 84%
Argentinien

GESPIELTE PÄSSE	Deutschland **759**
	Argentinien **435**

ANGEKOMMENE PÄSSE	Deutschland **650**
	Argentinien **331**

FEHL-PÄSSE	D **109**
	A **104**

PASSQUOTE

Deutschland · Argentinien

86% 76%

TOP-LAUFLEISTUNG

15,338 km
Schweinsteiger
Deutschland

14,681 km
Biglia
Argentinien

TOP-GESCHWINDIGKEIT

31,61 km/h
Hummels
Deutschland

31,25 km/h
Perez
Argentinien

DIE MEISTEN SPRINTS

65
Schürrle
Deutschland

50
Biglia/Zabaleta/Rojo
Argentinien

VOR BEGINN

Jens Jörg Rieck: **Es ist ein Auswärtsspiel, das muss man schon sagen. Es ist eine deutliche Übermacht der Albiceleste, der Himmelblauweißen. ... Es sollen wohl 10.000 Deutsche sein, aber die sind schlecht auszumachen. Ganz, ganz ehrlich: Die Argentinier haben dieses Duell hier auf den Rängen gewonnen, so sicher ich mir bin, dass wir Deutschen jetzt im Vorteil sein werden. ... Die deutsche Mannschaft hat hier im Verlauf des Turniers den besseren Eindruck hinterlassen. Also meine Hoffnung ist groß, auch wenn wir ein wirklich krasses Auswärtsspiel unterhalb des Corcovado, unterhalb der Christus-Statue hier haben.**

1. HALBZEIT

1. MINUTE

JJR: **Die Reise zum Mittelpunkt der Fußballwelt geht zu Ende.** Willkommen! Jetzt gerade der Anpfiff zum Finale der 20. Fußballweltmeisterschaft an diesem Sonntag, den 13. Juli 2014. Wir sind im großen Fußballtempel Maracanã. Ein strahlender Tag, hellblauer Himmel und das Hellblau-Weiß dominiert auch auf den Rängen, da die deutsche Mannschaft jetzt versucht zum ersten Mal nach vorn zu spielen, aber dieser Versuch da drüben versandet. Geht der 24 Jahre alte Traum heute in Erfüllung? Normalerweise würde man sagen: Die Vorzeichen sind glänzend nach Belo Horizonte. Aber die schönen Aussichten, um den Namen aufzugreifen, Armin Lehmann, sind gewichen. Wir hatten eine große, große Schrecksekunde vor diesem Finale. Die deutsche Mannschaft hatte sich gefunden und dann das!

Armin Lehmann: Dann hat Khedira plötzlich relativ wild Zeichen nach draußen gegeben, ist rein in die Kabine, als alle anderen sich noch aufgewärmt haben und sitzt jetzt völlig down, das haben wir von unten erfahren, in der Kabine, ein Betreuer ist bei ihm. Es sollen Wadenprobleme sein, aber auf jeden Fall sind die beim Aufwärmen aufgetreten und Sami Khedria, der gerade in so einer richtig guten Form war, speziell im Halbfinale gegen Brasilien, er muss raus. Und ein völliger Youngster, unerfahren ohne Ende, vor allem international, das ist Christoph Kramer von Borussia Mönchengladbach, der aschfahl eben war, bärtiges Gesicht, der hat dann so, ja, zehn Minuten vor dem Anpfiff erfahren: Junge, du spielst heute ein WM-Finale – und das gegen Argentinien, und das Duell gegen Lionel Messi.

3. MINUTE

AL: Wir gucken auf den Ball. Und es wird Freistoß geben für Deutschland.
JJR: Eine neue, alte Stärke der deutschen Mannschaft, ganz vergessen, die
Standards. ... Drüber gelaufen und Schweinsteiger abgelegt, Kroos, aber in
die Mauer hinein. Und der Ball prallt dann zurück zu Hummels. Alle in der
Hälfte der Argentinier, die jetzt heraus starten, aus dieser Hälfte. **Achtung,
Laufduell, Hummels ist vorher da, verliert das Duell dann
gegen Lavezzi. Drüben ist Higuain. Higuain dann angespielt,
aber Boateng ist noch dazwischen. Schusschance für Argentinien! Klasse Schusschance am Ende von Higuain.** Aber am Tor
vorbei. Erster großer Aufreger hier nach gerade mal drei Minuten.

12. MINUTE

JJR: Es wird Einwurf geben für die deutsche Mannschaft mit Bastian
Schweinsteiger. Am 1. August wird er 30 Jahre alt. Man glaubt immer, den
sieht man schon seit vielen, vielen Jahren in dieser deutschen National-
mannschaft, sieben Mal Meister, sieben Mal Pokalsieger, Champions-
League-Sieger zusammen mit Lahm, der hier gerade drüben auf der rechten
Seite sich durchtanzt und den Ball jetzt hineinflankt. Kopfballchance! Nein!
Am Ende segelt dann Klose knapp vorbei. Gute Gelegenheit, aber gut
hereingespielt von der rechten Seite.

Das ist ein guter Auftakt hier. 12 Minuten rum und Bewegung in beiden Strafräumen.

16. MINUTE

JJR: Schweinsteiger hat den Ball herübergeschoben zu Philipp Lahm, der den nächsten Angriff hier anschiebt über die rechte Seite, direkt in den Fuß gespielt zu Miro Klose, der sich ein bisschen sortieren muss. Und in dieser Sekunde sind die Argentinier wieder dazwischen. Schnell wieder eingeworfen, Ball ist im Spiel, soll auf Kramer kommen. Den räumen sie im Moment aber immer noch relativ robust beiseite. Und da drüben gibt's Probleme, Özil muss den Ball erst mal runternehmen.

Kramer, Armin, liegt noch im Sechzehner.

AL: **Ja, im Sechzehner. Er hat sich in dem Zweikampf verletzt, hat jetzt die Hände vors Gesicht geschlagen, das sieht überhaupt nicht gut aus. Also, der hat da offensichtlich richtig was abbekommen.** Das wäre jetzt natürlich aber … Also, so viel Pech kannst du ja nicht haben. Dass der Khedira sich verletzt beim Aufwärmen und sein Ersatz jetzt da völlig regungslos im Strafraum liegt. Jetzt bewegt er sich wieder ein bisschen. Er kann aber offenbar nicht aufstehen. Eieieieieiei. Hat sich da bei diesem Zweikampf aber mal so richtig verletzt. Ist da von zwei Argentiniern hart angegangen worden. Von hinten kam Garay und vorne war's, glaube ich, Demichelis, der ihn da noch abgeblockt hat, nein, es war bei den Argentiniern Rojo, der ihn da abgeblockt hat. Und jetzt müssen erst mal die Physios kommen und den Kramer behandeln. Ich glaube, der hat eher was an die Schulter gekriegt.

JJR: Ja, der Garay läuft da so in ihn hinein. Also, er hat gar nicht den Kontakt mit Rojo, der entscheidend war, der ist richtig aus dem Nichts getroffen worden und ist jetzt fast so ein bisschen ohnmächtig. Jetzt in Zusammenspiel natürlich mit unserem Arzt, mit Müller-Wohlfahrt, wird getestet, ob er wieder fit ist. … Kramer … läuft jetzt an der Seitenlinie entlang.

AL: … Kramer spricht jetzt kurz unten auch mit Löw und mit Hansi Flick und deutet an, dass er wieder rein kann. Und jetzt isser wieder drin im Spiel.

20. MINUTE

JJR: Achtung! Ball zurück von den Argentiniern!

Großchance für Higuain! Um Himmels Willen!

Das war der Kramer, der den gerade da zurückgebracht hat, oder?

AL: Ich weiß es nicht genau. Oder Toni Kroos, einer von den beiden köpft den Ball zurück, und übersieht den Higuain. Der war, glaube ich, aus deren Sicht hinter Boateng, den konnten die gar nicht sehen, dass der da noch rumtrabte. Und dann kommt diese Kopfballrückgabe in die Füße von Higuain und der haut das Ding völlig freistehend aus 13, 14 Metern aber mal locker ein, zwei Meter am Tor von Manuel Neuer vorbei.

23. MINUTE

AL: Schweinsteiger, schöner öffnender Diagonalpass, bisschen zu weit nach hinten auf Philipp Lahm, und deshalb muss der erst mal abbrechen und nach hinten spielen auf Jerome Boateng. Boateng auf Mats Hummels. Bislang noch wenig Offensivaktionen vom Dortmunder, der das ja so gut draufhat. Jetzt könnte der wieder Lahm mitnehmen, der auf der rechten Seite viel Platz hat. **Schon auf der Höhe des Strafraums ist, zieht die Flanke rein, Ball kommt auf Klose, dann Müller! Und da ist wieder so ein blau bekleidetes Bein dazwischen.** Gute Möglichkeit war das mal, Ball immer noch heiß. Jetzt kommt er erst mal wieder nach hinten, noch mal rein in den Strafraum und dann ist er bei Demichelis und der wird das Ding, glaub ich, dann klären im Zweikampf gegen Höwedes. Genau, macht das ganz clever.

28. MINUTE

JJR: Gleich eine halbe Stunde rum. … Verlängerung des Balles da drüben auf der linken Seite von Rojo, der sehr offensiv seinen Linksverteidiger gibt. Und dann der Versuch nach rechts draußen zu spielen.

Total blank, sehr gute Gelegenheit für die Argentinier, Higuain in der Mitte. Und Tor! Aber Abseits! Aber Abseits! Aber Abseits! Also die Fahne ist oben!

AL: Abseits, jaja. Der Ball wird schon weitergespielt, aber der Schiedsrichter pfeift das zurück. Die Fahne war sofort oben. Higuain völlig frei
am und im Fünfmeterraum der deutschen Mannschaft. … **Und
Christoph Kramer liegt jetzt oder sitzt jetzt schon wieder
am Boden. Was er da abgekriegt hat, kann ich im Augenblick nicht sehen. … Und Kramer muss jetzt gestützt von
zwei Betreuern vom Platz gebracht werden.**

JJR: … Ich seh André Schürrle im Gespräch mit Hansi Flick. Also
unser Top-Joker, der Top-Joker nicht nur des deutschen Fußballs, aller
Völker und Zeiten bei allen Weltmeisterschaften, sondern der beste Ein-
wechsler bei dieser Weltmeisterschaft, drei Tore, zwei Vorbereitungen,
hat immer Schwung gebracht, kommt jetzt in die Partie hinein.

AL: Ja, Christoph Kramer wird in die Kabine gebracht, wurde noch mal
kurz getätschelt von Hansi Flick. Vielleicht war das auch ne Folge dieser
Geschichte des Fouls eben, als er so ein bisschen benommen war und
dass ihm dann jetzt richtig schlecht geworden ist. Und das ist ja der
Wahnsinn. Da fällt der Khedira ne Viertelstunde vor Spielbeginn aus
und der Christoph Kramer erfährt, dass er jetzt dieses WM-Finale
spielen muss. Und dann muss der nach, wir haben jetzt ne gute halbe
Stunde gespielt, muss er raus. Die deutsche Mannschaft also gezwungen
umzustellen. Das kann jetzt eigentlich nur heißen, dass Toni Kroos und
Bastian Schweinsteiger die Doppel-Sechs geben, dass Özil mehr in die
Mitte rückt, also so ne Art Zehner, das spielt er ja total gerne, also quasi
im zentralen offensiven Mittelfeld und Schürrle über links kommt –
und genau so sortieren sie sich jetzt auch auf'm Platz. Das ist jetzt aber
echt mal `n Hammer. **Jetzt reicht's aber auch wirklich. Also
mehr muss nicht sein. …**

JJR: # Ja, und die Pläne der deutschen Mannschaft zerfallen wie eine Brausetablette…

34. MINUTE

JJR: Die Argentinier laufen jetzt da drüben mit Higuain, der den nächsten Angriff startet. Hat zwei gegen sich, da ist Lavezzi. Lavezzi gestartet, herausgespielt auf die rechte Seite, Schusschance wäre da, Schuss folgt!

Nächster guter Angriff der Argentinier über Messi, den Großmeister, den kleinen Zwerg ...

AL: Und ganz grandiose Szene jetzt gerade. Schweinsteiger, der hat zurückgezogen in diesem Zweikampf, weil er wusste, wenn der Messi fällt, seh ich Gelb-Rot, und hat dem Höwedes gerade erst mal richtig böse gesagt: Warum läufst du so? Du läufst völlig falsch. Und Höwedes, ganz entsetzt, guckte ihn an. Und da geht der Schweinsteiger zu ihm und packt ihn am Kopf und herzt ihn und baut ihn auf. **Schweinsteiger ist der Chef.** Macht das hier großartig. Er ist der Mann, der die großen Titel schon gewonnen hat und er will diesen allergrößten. Er will diesen Pokal nachher küssen, in den Händen halten und das merkt man ihm bis hier oben auf die Reportertribüne an.

35. MINUTE

JJR: Manuel Neuer, der beste Torwart dieses Turniers, vielleicht der beste aller Zeiten, hat herausgespielt auf die linke Seite. Jetzt geht es weiter mit Angriff natürlich über Schweinsteiger, Schürrle ist da zur Stelle. Und dann wird drüben Müller gesucht, der gestartet ist, der durch ist. Müller ist vorbei, Müller stürmt in den Sechzehner hinein, Müller zurückgelegt,

Schuss und ... Romerooooooooo ... hält das Ding von Schürrle!

40. MINUTE

JJR: **Achtung! Messi mit Ball am Fuß im Sechzehner! Messi mit Ball am Fuß, legt den Ball in die Mitte und dann ... von Boateng noch herausgebracht, bevor Lavezzi, dieser Turborasenmäher da auf der linken Seite, hereingerauscht kam.** Nichts draus geworden, nächster Aufreger hier in diesem Spiel.

45. MINUTE

JJR: Eckball Deutschland. ... Da kommt der Ball nach vorn.

Kopfball, Pfosten! Neiiiiiiin! Der muss doch rein!

Höwedes schlägt die Hände über das schüttere Haupthaar.

Was war da los? Der Ball an den Pfosten, Armin, und dann zurück von Höwedes ... noch mit großen Augen, die großen Männer der deutschen Mannschaft, der Ball kommt von Kroos, Höwedes ist da ... und dann?

AL: Ja, er köpft ihn an den Pfosten und dann ist es eine Abseitsposition bei der deutschen Mannschaft. Also, der zweite Ball, der hätte dann nicht gezählt, den Romero dann sowieso festhält. Aber ich glaube Müller war's dann, der diesen Pfostenball noch mit der Hüfte sozusagen Richtung Tor verlängert. Aber der Kopfball, der hätte gezählt. Der wär drin gewesen, aber er war eben nicht drin, sondern dran am rechten Torpfosten. Aluminium für die deutsche Mannschaft. So dicht dran waren sie in diesem Finale noch nicht an einem Treffer. Benedikt Höwedes. Das war einstudiert. Da liefen drei, vier kreuz und quer, und die Gauchos aus Argentinien wussten gar nicht, wie sie hinterherkommen sollen. Und dann war Höwedes mit aller Wucht, der Schalker Innenverteidiger, der hier Linksaußen spielt, in der Defensive, wuchtet das Ding, rammt das Ding an den Pfosten. Das war praktisch die letzte Szene in dieser ersten Halbzeit, die viel Gutes gebracht hat, viel Ballbesitz, Verletzung vor dem Spiel von Khedira, Verletzung Kramer und bislang noch kein Tor im Maracanã. Es steht im WM-Finale 0:0.

PAUSE

AL: **Es wird jetzt den ersten Wechsel geben bei den Argentiniern, die also ganz offensichtlich da auch irgendwie auf irgendwas reagieren müssen. Es geht Lavezzi raus, offensiver Mann, Stürmer, und für ihn kommt Sergio Aguero.**

2. HALBZEIT

49. MINUTE

JJR: Wir machen uns ein bisschen Sorgen hier über die deutsche linke Abwehrseite. Wenn etwas kommt, dann da. Achtung, nächster Angriff läuft, aber Boateng ist halt schnell und ist dann auch schneller da als die Argentinier, die versucht haben, da nach vorn zu kommen, die jetzt aufpassen müssen, weil Garay diesen Ball etwas unkonzentriert auf Perez bringt, der aber mit dem Außenrist zu Biglia im Mittelfeld, und der treibt ihn wieder auf das Tor von Manuel Neuer zu.

Durchgesteckt auf Messi. Messi mit Ball am Fuß. Messi – Schuss und: Neiiiiiin! Kein Tor! Und keine Abseitsfahne?

AL: Es roch ein bisschen nach Abseits. Aber die Fahne blieb unten. Ist aber ja auch immer hauchdünn und Messi ganz leicht spitzer Winkel, nicht im Abseits, alles korrekt gesehen. Ist vorbei, hat sich im Rücken vorbeigestohlen an Boateng. Und da haben aber Millimeter gefehlt. **Ooohhh, da atmest du als Torwart auch ganz tief aus.** Manuel Neuer brauchte nicht eingreifen. Riesenchance für Argentinien, die besser rausgekommen sind aus der Kabine. Waren länger drin als die deutsche Mannschaft und wirken fokussierter. Deutsche Mannschaft im Augenblick so ein bisschen durcheinander. Das haben wir eben auch bei Schürrle gesehen, der da völlig sinnlos mit dem Ball ins Seitenaus läuft. Es steht noch immer 0:0, es ist nix passiert.

AL: Joachim Löw ist da unten jetzt auch mal aufgestanden und schimpft da auch mit Hansi Flick, und nicht über diesen, sondern halt über diese erneut misslungene Aktion nach vorne. Jetzt müssen sie wieder aufpassen.

Steilpass kommt, Manuel Neuer kommt raus – oioioiiii …

Und trifft da den Ball, und kriegt dann, weil er mit Higuain zusammenprallt, den Freistoß. Higuain liegt jetzt da am Boden und wälzt sich. Also von hier oben nicht zu beurteilen, wer da wen angesprungen hat. Manuel Neuer kam entschlossen auf diesen langen Ball raus, „Manu, der Libero", ich erinnere daran, steigt dann hoch und boxt ihn mit einer Hand weg. Aber springt richtig rein in den Higuain. Und der Schiedsrichter hat das – ajajajajaj – auch mit dem Bein voraus – und Higuain hat's da richtig erwischt. Und die Argentinier sind jetzt stocksauer, dass der Schiedsrichter diese Aktion – ich hab's nicht genau gesehen, die glaube ich auch im Strafraum war, also die war glaube ich auf Höhe der Strafraumlinie –, dass er diese Aktion jetzt gegen Higuain und für Manuel Neuer pfeift, also sozusagen Freistoß Higuain. Manuel Neuer, das haben wir immer gesagt, das ist riskant, Jens Jörg, dieses „Manu, der Libero", das kann auch mal ins Auge gehen und gerade war er aber hauchdünn dran, dass es ins Auge gegangen wäre.

JJR: Er ist jetzt aber da, entschuldigt sich auch noch mal bei Higuain, der mittlerweile wieder steht. Natürlich war der Fuß dann vorn in seiner Sprungbewegung, wie soll er es anders machen?

AL: Jetzt zeigen sie noch mal groß hier den Pokal, um den es hier geht. Deutschland ist im Ballbesitz, aber Deutschland ist nicht vorne. **Es steht 0:0.**

JJR: Und Gelegenheit sich durchzuspielen, wenn sie es ein bisschen besser machen.

Jetzt ist die Chance da für Schürrle … hrrrah … wieder einen Tick zu spät, der Schürrle.

73. MINUTE

JJR: Es ist das letzte, dieses 64. Spiel dieser Weltmeisterschaft und bislang
mit Sicherheit nicht das beste. Ich will nicht sagen, es hat den Spannungs-
bogen von Die nächtlichen Bahnstrecken Deutschlands, der da abends
immer läuft. So ist es nicht. Natürlich ist es spannend, für uns ist das
natürlich ein großes Drama. Es steht noch 0:0, es ist noch alles möglich.
Aber nach wie vor für mich der Eindruck, dass die Argentinier hier klarer
wirken in ihren Aktionen.

77. MINUTE

JJR: Mit Palacio würden die Argentinier jetzt einen weiteren Stürmer
hineinbringen aus diesem Stürmerland Argentinien. Anders als die Deutschen, bei denen Miro Klose gerade aus der argentinischen Hälfte in die
deutsche zurück trabt als einzig nomineller Stürmer, haben die Argentinier
gleich fünf an der Zahl, und der hat mit Sicherheit die spektakulärste Frisur,
dieses Zöpfchen auf dem Halbmond da hinten, wo das Haar ein bisschen
schütter wird. Und für ihn geht der Mann heraus, der die größte Chance der
ersten Halbzeit hatte, Higuain. … Jetzt kommt Palacio von Inter.

79. MINUTE

JJR: (*Ecke*) Achtung! Kroos. Läuft an, mit dem rechten Fuß den Ball
hereingebracht. Müller mit dem Kopfballversuch, aber am Ende sind
die Argentinier vor ihm da, sodass Schürrle herauslaufen muss und den Ball
in der argentinischen Hälfte sich holt, Boateng angespielt hat, der zurück
auf Philipp Lahm, der natürlich bei diesem Eckball nicht mit nach vorn
gegangen ist, sondern den letzten Mann gegeben hat. Stattdessen war
Hummels weiter vorn, der sich so in der Hälfte der Argentinier aufhält.
**Sehr schön herübergespielt, ganz blank, die Gelegenheit mit
Schusschance für Höwedes! Und er braucht da zu lang!
Bitte ein bisschen schneller schalten!**
AL: … Jetzt noch mal Boateng, will ihn ganz rüberspielen auf die andere
Seite, hat er wunderbar gesehen. Da sind die Deutschen noch einmal
gefährlich mit Kroos, Kopfballmöglichkeit. Und dann liegen ganz viele
Spieler im Fünfmeterraum. Und der Schiedsrichter sagt: Das sind mir zu
viele, als dass ich da jetzt irgendwas für irgendwen pfeife. Ball ist im Toraus
und deshalb gibt's Torab vom Kasten von Sergio Romero.

81. MINUTE

JJR: Müller mit sehr schönem Ball, mit dem Außenrist, auf die rechte Seite hinausgetragen. **In der Mitte kreuzt Schürrle. Schürrle könnte angespielt werden. Dann aus dem Rückraum Kroos! Und jetzt schiebt er ihn mit der Innenseite viel zu lasch, viel zu lasch vorbei!**

AL: Haaahhhh. Der schönste Angriff dieses Spiels.

Wunderbar gemacht, alles war richtig, alles mit Übersicht, mit Auge und Toni Kroos … da will er's irgendwie auf den Millimeter genau machen und schiebt ihn dann so anderthalb Meter am rechten Pfosten vorbei und auch mit der Innenseite. …

JJR: Ja, also, ich bin immer noch platt, weil Kroos hat ja nachgewiesen, dass er exzellent schießen kann. **Aber der war so lasch geschossen, den hätte man unterwegs aufpumpen können.** Den Ball, hätte Ede Geyer gesagt: „Hättste uffpumpen könn'", hätte er wahrscheinlich gesagt, diesen Ball, so lasch war der.

86. MINUTE

JJR: Müller mit ein bisschen Frischwasser. …

AL: … Götze wird gleich bei der deutschen Mannschaft kommen. Der steht zumindest bereit und da müssen wir dann mal schauen, wer da runtergeht beim deutschen Team.

87. MINUTE

AL: Nochmal also Argentinien im Ballbesitz.

JJR: Und gerade habe ich moniert, dass die Chöre der Hinchas, der Fans der Argentinier, nicht zu hören sind, jetzt sind sie wieder da, da Biglia den Ball durchgesteckt hat auf Messi.

Messi mit Ball am Fuß, Messi …

aber da wird er von Boateng getrennt, Biglia könnte schießen! Und in letzter Sekunde von hinten noch hineingerauscht Schweinsteiger, hat das Ganze geklärt. Und Müller, Müller, der Angreifer und Offensiv-spieler klärt da hinten fast am eigenen Sechzehner. Argentinien in der Hälfte der deutschen Mannschaft, die jetzt in dieser Sekunde wechseln wird, den jungen Götze hineinbringt. Biglia hat sich fallen lassen, hat Krämpfe da drüben bei den Argentiniern. Und wir warten auf die Auswechslung.

Der große Miro Klose wird gehen. Aber der hat das noch gar nicht mitbekommen, oder doch, verabschiedet sich vom Schiri.
AL: Er sagt Tschüss zum Schiri, das war sein letztes WM-Spiel, da gehen wir jetzt mal von aus, mit 36. Er hat gut gespielt, kein Tor geschossen. **Kriegt jetzt großen, großen Applaus, also auch der argentinischen Fans, da sehe ich schon einige, die stehen jetzt auf und applaudieren Miroslav Klose, der rausgeht kurz vor dem Ende.** …auf dass der kleine Götze jetzt da bei den großen Garays und Demichelissens dieser argentinischen Welt einfach mal denen die Knoten in die Füße spielt und dafür sorgt, dass er hier vielleicht ein wichtiges Tor schießt. Also taktisch alles nachzuvollziehen. Deutschland hat noch einen Wechsel offen. Argentinien kann nicht mehr wechseln.

`89. MINUTE`

JJR: Der Ball noch mal nach vorn gespielt, Schweinsteiger trabt da herüber, präsenter in der ersten Halbzeit. Bei Schweinsteiger hat uns sehr gut gefallen, dass sie hier in Brasilien den Namen des Mittelfeldmannes gar nicht richtig aussprechen können. … Und deshalb haben sie ihm den wunderschönen, unsterblichen Spitznamen „Buchstabensuppe" gegeben, weil das so ein durcheinandergewürfeltes Gewirr ist für Brasilianer.
AL: … Wir sind in den letzten Sekunden, also es wird Nachspielzeit geben. Noch können wir es nicht genau erkennen, wie viele Minuten es sein werden. Aber die reguläre Spielzeit ist gleich abgelaufen. Es sieht so nach einer Drei aus, aber er hat das Ding noch auf'm Kopf stehen. Kann ich nicht so ganz genau erkennen, obwohl eine Drei auf'm Kopf auch aussehen sollte wie eine Drei. Aber es ist auch ne Drei.

`90. MINUTE`

JJR: **Mittlerweile ist das Blau an diesem Nachthimmel einem Schwarz gewichen, ein großes schwarzes Loch, die Welt schaut herunter, zwei Milliarden vor den Fernsehern und bestimmt so viele vor den Radios.**

`90. MINUTE +3`

JJR: Blick zur Uhr: Eigentlich sind die drei Minuten Nachspielzeit jetzt vorüber. Die deutsche Mannschaft noch einmal …? Nein! Nicht noch einmal. … Es gibt mehr. Es gibt noch einmal 30 Minuten, vielleicht sogar ein Elfmeterschießen. Bleiben Sie dran! Geht der Traum 24 Jahre nach dem letzten Titelgewinn für Deutschland noch in Erfüllung? Gleich mehr.

VOR BEGINN

AL: **Joachim Löw schwört jetzt seine Mannschaft ein, spricht ganz intensiv noch mal mit den Spielern, sagt ihnen noch mal ganz klar, was ihre Aufgabe jetzt ist. Alle haben sie so einen Kreis jetzt gebildet, das ähnlich auch bei den Argentiniern. Das Schiedsrichtergespann dehnt sich auch noch mal. Es war für alle, Schiedsrichter, Spieler, wen auch immer Sie da nehmen wollen, ein unheimlich hartes Turnier, oft in großer Hitze. Dann hast du plötzlich mal irgendwo spielen müssen, wo es nur 12 Grad waren, wie Deutschland zum Beispiel gegen Algerien, als man da im Regen von Porto Alegre das Ding nach der Verlängerung hat gewinnen können. Am Ende also haben das alle in den Knochen.**

VERLÄNGERUNG

91. MINUTE

AL: Jetzt geht's weiter mit der Verlängerung.

JJR: Die Deutschen kommen, langsam noch im Vortrag, aus der eigenen Hälfte heraus, bisschen sich festsetzen bei den Argentiniern, über Schürrle. Hat er gut gemacht, ist da am Ersten vorbei …

Der Ball landet bei Götze, der noch mal zurück zu Schürrle. Und dann beide Fäuste hoch gerissen, Nachschusschance für die deutsche Mannschaft – abgewehrt! Der Ball ist bei Mascherano und der spielt ihn direkt in den Lauf von Aguero hinein, aber wieder ist Boateng da. Messi kommt, Hummels säbelt dazwischen. Klasse Szene.

AL: Ja, super verteidigt, aber sie müssen noch mal aufpassen. Noch mal der Ball, Neuer ist raus an der Strafraumlinie. Huiuiuiuiui. … Riesenchance für Schürrle. Und der haut das Ding einfach zentral in Richtung Torwart und Romero hat eher schützend die Fäuste hochgerissen, reflexartig und verhindert hier die deutsche Führung. Und dann müssen sie im Gegenzug schon wieder aufpassen. Was für ein Auftakt direkt in diese Verlängerung. Ist gerade mal ne Minute rum.

97. MINUTE

JJR: Schlechter Ball von Messi, sodass Garay ein bisschen sprinten muss, um ihn überhaupt in der Partie zu halten. Herüber auf Palacio.

Palacio mit der Brust, noch einmal Palacio mit dem Lupfer – und dann ist Boateng da! Ohhh, der Mann mit der Dschingis-Khan-Frisur, mit diesem Zöpfchen hinten dran.

Schrecksekunde erneut für die deutsche Hintermannschaft. Über Hummels hinweg geht der Ball, dann der Lupfer auch über Neuer hinweg, aber neben das Tor.

101. MINUTE

JJR: **Messi, König ohne Ball, trabt da durch den Mittelkreis herum und schaut mehr oder weniger dem Spiel der anderen zu, macht ja kaum Defensivarbeit, sondern ist nur für die besonderen Momente zuständig.** … Schweinsteiger trocken herübergespielt auf die linke Seite, noch einmal zu Schürrle, der wieder zurück zu Özil, Özil tritt an. Özil, immer noch mit dem Ball am Fuß, 20 Meter vor dem Tor. Noch einmal der Versuch Schweinsteiger einzusetzen. Zweikampf da im Mittelfeld verbissen geführt, der Abpraller hoppelt zu Höwedes, der wieder zurück zu Hummels. Nächste Verletzungsunterbrechung. **Dies Mal ist Schweinsteiger am Boden und wälzt und wirft sich da hin und her.**

AL: Ja, wilder Zweikampf da mit Mascherano. Und das hat ihm echt richtig wehgetan. Da zuckt er jetzt noch mal richtig zusammen. … Das war eigentlich ein Foul, muss man ganz klar sagen. Ball war weg, Mascherano trifft Bastian Schweinsteiger da dann noch im Fallen auch noch im Allerwertesten.

103. MINUTE

AL: Hinten Boateng. Riesenspiel macht der. Großartig auch, wie er diesen Zweikampf gegen Aguero gewinnt. Es gibt Einwurf für Argentinien. Die bewegen sich jetzt auch im Zeitlupentempo in Richtung Ball. Also, die sind platt. Die deutsche Mannschaft scheint mir einen Tick frischer zu sein. …

JJR: … Beide Trainer im Übrigen: Sabella, der ja aufhören wird nach diesen Weltmeisterschaften, überhaupt erst sehr, sehr spät mit 53 seinen ersten Cheftrainerposten übernommen hat, und hier die argentinische Nationalmannschaft in dieses Finale hineingeführt hat, mit vor der Brust verschränkten Armen. Und Joachim Löw immer wieder jetzt mehr oder weniger dirigierend. Der Arm ist häufig in der Luft. Er zeigt auf die Lücken, er zeigt auf die Probleme und sieht diesen Problemball, der natürlich abgefangen wurde von den Argentiniern, die nun ihrerseits starten. Drüben wäre Aguero. Hier drüben auf der rechten Seite wartet Messi, der sich beschwert, dass die Kugel überhaupt nicht bei ihm ankam nach diesem Zweikampf. Palacio war zur Stelle und hat da Philipp Lahm, glaube ich, im Gesicht getroffen.

AL: … Also auf jeden Fall hat er den Philipp Lahm da getroffen, setzt da dem Ball nach völlig unsinnigerweise und haut ihm da echt beide Füße weg. Also da kannst du auch mal ein Papier ziehen, trifft ihn erst so leicht vorne und dann noch am hinteren Fuß. Und Jerome Boateng kommt jetzt her und hebt seinen Kapitän mal wieder auf die Beine. Die sind alle gezeichnet von diesem Finale. Lahm mit ganz viel Gras im Gesicht. Und der Schiedsrichter hat jetzt gesagt: Das war's. Das war die erste Halbzeit dieser Verlängerung.

PAUSE VERLÄNGERUNG

AL: **Bei der deutschen Mannschaft ist Joachim Löw jetzt bei diversen Spielern, spricht jetzt noch mal mit Mario Götze. Das ist natürlich der Frischeste. Einen Wechsel hat er noch, der Bundestrainer.**

111. MINUTE

AL: Da gibt's das Foulspiel, jaja, völlig richtig gesehen, an Schweinsteiger. Schiedsrichter war fünf Meter daneben. Wir sind aber auch noch 35 Meter weg vom argentinischen Tor, vielleicht sogar noch ein paar Meter mehr. Von hinten zwei Mann grätschen da in ihn hinein.

JJR: … Probleme vielleicht bei Schweinsteiger, der nicht mehr ganz rund läuft. Wir müssen mal aufpassen: Wieder ne harte Szene jetzt. Das nimmt jetzt allerdings ein bisschen zu.

AL: **Jaja, Aguero haut ihm da jetzt ins Gesicht. … Ahh, mit der Faust haut er ihm da seitlich rein, Ellenbogen ausgefahren.** Also jetzt muss ich mal langsam den Schiedsrichter so ein kleines bisschen kritisieren. Also, Mascherano mit Gelb, da drückt er beide Augen zu und jetzt schon wieder, beide Male gegen Schweinsteiger, der offensichtlich auch so ein paar kleine Probleme hat und nicht mehr so richtig rund läuft. …

Ohhh guck dir das an, das Blut fließt da nur so.

Und der Schiedsrichter muss eigentlich da Gelb-Rot geben.

JJR: … Ich schau nach unten: Schweinsteiger wird noch behandelt, übrigens in der Coaching-Zone der Argentinier liegt er da, beide Beine weit weggestreckt. Natürlich muss diese Blutung erst mal gestillt werden, der kann gar nicht rein.

AL: Der darf gar nicht. Solang der blutet, geht das nicht. Das wird jetzt wahrscheinlich irgendwie getackert. Und damit also Argentinien doppelter Vorteil: Einer ihrer Spieler haut dem Schweinsteiger im Luftkampf die Faust ins Gesicht, der blutet richtig stark, und Argentinien jetzt mit elf gegen zehn. … Und es stehen ein paar deutsche Spieler bereit, aber ich weiß nicht, ob Joachim Löw tatsächlich wechseln will.

JJR: Ja, Großkreutz wäre einer von denen, der beispielsweise schon ganz, ganz bereitsteht, muss ich sagen, der Kevin aus Dortmund. Der wär der richtige Mann für die Schlacht hier. In den letzten Minuten ist das echt ruppiger geworden. Während wir versuchen, das moderat irgendwie in Worte zu bringen, hat Khedira mehrfach jetzt angedeutet, dass es ihm total reicht. Also er musste ein paar mal jetzt schon zurückgezogen werden, der Mann, der dieses Finale ja gar nicht mit bestreiten durfte. Nach dem üblen Foul an seinem Teamkollegen. Jetzt Beifall aufgebrandet in der Arena, weil Schweinsteiger wieder auf dem Platz ist und den Ball zum ersten Mal wieder bekommt. Deswegen Ballbesitz für die Deutschen, aber es hat ein bisschen gedauert den nach vorne zu bringen. Unterbunden das Ganze, und Gelegenheit für die deutsche Mannschaft, jetzt mit Einwurf wieder neu zu starten. **Blick zur Uhr: 111 Minuten sind vorüber, regulär noch vier dann in Rio, ein Elfmeterschießen am Ende der 20. Fußballweltmeisterschaften? Oder gibt es vorher noch diesen einen Geniestreich.** Schon wieder Foul! Einfach da weggezogen. Weil der jetzt gar nichts mehr pfeift, erlauben sich die Argentinier jetzt deutlich mehr als erlaubt wäre. Palacio, das war auch ein ganz klares Foul.

AL: Ja, eindeutig taktisches Foul, Trikotziehen, da gibt's nur eine Regel, und die heißt Karte. **Ich korrigiere dich ja ungern, aber muss dir noch sagen, es sind neun Minuten noch, nicht vier.** So lang sind wir jetzt hier schon zusammen, da kann man sich schon mal beim Rechnen vertun. Jetzt noch acht Minuten zu spielen in der Verlängerung, danach gäbe es dann Elfmeterschießen. Und jetzt kommen sie noch mal, die Deutschen, über die linke Seite. Ball kommt in die Mitte rein, die Möglichkeit für Götze und …

Tooooooooo Tooooooorr Deutschlaa Mario – Götze – macht das 1:0!

rrrrrr!
für
aand!

Die Flanke auf den kleinen Wunderzwerg, der nimmt den Ball an im Fünfmeterraum und schiebt ihn lässig vorbei an Sergio Romero! Und jetzt sind mir die acht Minuten zu viel, ich hätt lieber noch vier! Aber Deutschland führt mit 1:0!

JJR: Gigant Götzeeeee macht das Tor und wird jetzt bejubelt. Und natürlich sind die Deutschen jetzt hier aufgesprungen. Wir waren vor Aufregung schon fast im Elfmeterschießen und jetzt haben wir das Tor für die deutsche Mannschaft.

Und natürlich sind die Ersatzspieler alle auf dem Feld, sind raufgerannt, herzen die anderen Deutschen. Wunderschön gemacht, viel besser kannst du das gar nicht machen. Abnahme mit der Brust, abgezogen mit links, Romero taucht herunter und der Ball fliegt ins Netz hinein zum Tor von Mario Götze. Der hatte schon einmal getroffen hier im Verlauf dieses Turniers – aber das könnte das wichtigste Tor seiner gesamten Laufbahn werden – damals beim 2:2 gegen Ghana.

AL: ... **Sechs Minuten trennen uns noch vom vierten Weltmeistertitel. Mein Puls ist bei 200!**

`115. MINUTE`

JJR: Immer wieder der Blick zur Uhr. 113 Minuten, jetzt 114 Minuten sind vorüber hier im Stadion Maracanã. **Im großen Fußballtempel könnte die deutsche Nationalmannschaft zum ersten Mal als europäisches auf dem südamerikanischen Kontinent den Titel holen.** Aber noch müssen wir aufpassen, die Argentinier werden jetzt mit langen Bällen nach vorn gehen. Und genau so ist es, Garay, Achtung, Aguero startet. Hummels hat klären können und bringt den Ball zu Neuer.

116. MINUTE

JJR: Schwarz-Rot-Gold oder Albiceleste? Berlin oder Buneos Aires? Im Moment sind die Deutschen vorn, haben die schwarz-rot-goldenen Fahnen hier den Himmel von Rio erobert. **Aber die Argentinier kommen, haben mit Biglia die Schusschance, der bringt den Ball auf die linke Seite.**

Achtung, Neuer muss raus! Mit einer Hand! Uuhhhh!

Und gerade noch vor der Ecke der des Sechzehners pflückt er ihn herunter wie einen reifen Apfel und bringt ihn hier drüben auf die rechte Seite zu Özil. Noch mal durchatmen.

117. MINUTE

AL: … Da sind jetzt immer wieder Spieler, die sich dehnen. Schweinsteiger macht das mehrfach, weil er einfach platt ist. Und unten wird jetzt wahrscheinlich gleich noch mal Per Mertesacker kommen, weil sie hinten noch mal einen brauchen, der da die hohen Bälle irgendwie rausholt, weil das wird der Weg sein. **Langer Hafer, und zwar argentinischer, nach vorne und da musst du halt mit deutschen Riesen dagegenhalten.**

JJR: Aber nicht für die Rinder aus Argentinien, nicht für die Rindersteaks. **Im Moment ist hier Eisbein angesagt, Eisbein eiskalt.** Götze, Gigant Götze macht das Tor für die deutsche Mannschaft in der 113. Minute, da Mertesacker immer noch die Hinweise kriegt vom Bundestrainer.

JJR: Jetzt kommt die Auswechslung: Mertesacker mit den Anweisungen. Und natürlich wird diese Auswechslung zelebriert, weil sie nimmt ja Zeit von der Uhr. Das ist ja ganz logisch. Özil, mit langsamen Schritten. In der ersten Halbzeit hat er heute an die großen Zeiten erinnert. In der zweiten auch ein bisschen untergegangen, aber viel, viel mehr Defensivarbeit als beispielsweise ein Messi auf der anderen Seite. Und Merte, Mertesacker, der Lange, läuft da hinten in die Defensive hinein, jetzt, da Romero den Ball wieder hereingebracht hat.

Blick zur Uhr: Noch 15 Sekunden.

Götze mit dem hohen Ball in die Spitze zu Müller. Sofort von Mascherano, der hier den letzten Mann gibt, zurückgebracht. Dann Kopfballverlängerung. Aber Neuer ist da und wird ihn sicher herunternehmen. **Offizielle Spielzeit jetzt vorüber! Die offizielle Spielzeit ist jetzt vorüber. ... Noch zwei Minuten extra, Armin. Zwei Minuten.**

AL: **Ohh, meine Güte.** Lang hat er dafür gebraucht. Da hat er auf seinen Tästchen rumgehämmert, auf der Anzeigentafel da, also auf diesem kleinen Täfelchen, was die Assistenten da immer hoch halten. Und dann zeigt er uns zwei Minuten. ... Noch einmal Mascherano, tankt sich da rein in die deutsche Hälfte. Dann Lionel Messi, tritt an, am Ersten vorbei.

Kein Freistoß, doch Freistoß! Ahhh, gefährliche Situation.

... Es wird die letzte Chance sein für Argentinien. Wir gucken auf die Uhr: Es sind noch 45 Sekunden. Schweinsteiger hat sich dabei auch noch einen fetten Krampf geholt und liegt da immer noch am Boden. Jetzt können die Betreuer kommen. Jetzt kommen sie auch mit dem Wännchen, mit dieser Wanne, wo die Spieler dann immer raustransportiert werden.

Und einer legt sich jetzt den Ball zurecht, und das ist Lionel Messi. Und von da hat er schon das ein oder andere Tor erzielt.

Aber hinten haben wir ja auch einen ganz in Grün. Und das ist Manuel Neuer.

JJR: Den besten Torwart des Turniers. 2006, ich hab's gesagt, hatten wir die Krake Paul, das Orakel. Wir brauchen kein Orakel, wir haben Manuel Neuer, den besten Torwart des Turniers. Das muss er jetzt noch einmal beweisen. Hier in dieser letzten Szene. Uhrzeit: 121 Minuten, 57, 58, 59, 00. Diese zwei Minuten Nachspielzeit wären natürlich auch vorüber. … Die Linie ist gezogen, die ein Markenzeichen dieser Weltmeisterschaft ist. Messi, vier Tore hat er gemacht. Jetzt vor dem fünften und damit vor der Chance Argentinien in die Verlängerung zu bringen?

Messi oder Neuer? Neuer oder Messi? Die Hände in die Seiten gestützt, fast so ein bisschen wie Ronaldo, den Blick nach unten. … Jetzt Messi, Trippel-schritt, jetzt kommt der Ball mit links, er geht drüber. Er ist drüber!

Er ist drüber. Aber das Spiel läuft noch weiter.

AL: Das Spiel läuft noch weiter. Der Schiedsrichter wird bestimmt noch mal eine Minute drauf geben, weil Schweinsteiger so lange verletzt war. Der kommt jetzt drüben reingehumpelt, kann nicht mehr gehen. Der Ball ist bei Manuel Neuer. Normal muss dieser Abstoß die letzte Szene dieses Spiels sein.

JJR: Ballbesitz von Manuel Neuer. Läuft weit zurück. Manuel läuft zurück, und die Spieler laufen nach vorn, sehen jetzt diesen weiten Ball in die Hälfte der Argentinier hineinfliegen zu Müller. Müller kann ihn nicht behaupten, landet dann drüben bei Romero. Blick zur Uhr: 123 Minuten und 22 Sekunden. Noch einmal der Versuch da drüben, den Ball zu behaupten, vom neuen Rojo, der sich hier hineinwirft in den Zweikampf. Und die deutschen Auswechselspieler stehen da, halten die Arme in die Luft und sagen:

Schluss! Bitte Schluss, mach doch Schluss.

Aber es ist immer noch nicht Schluss. Nächster Zweikampf, wieder am Boden, noch einmal Verletzungs unterbrechung, es ist Schweinsteiger.

AL: Wieder Schweinsteiger.

Quelle: Auszug aus der Live-Radioreportage vom 13.7.2014, Reporter: Armin Lehmann und Jens Jörg Rieck, produziert vom Südwestrundfunk im Auftrag der ARD–Radio–Programme

JJR: # Und jetzt ist Schluss !!!!!!!!!!

Deutsc
ist Wee
meiiiiss

AL: **Jaaaaaaaa!**

JJR: **Und hier die Glückszahlen:
1, 3, 7, 2, 0, 1 und 4!**

hland
eeeelt
teeeeer!

ARMIN LEHMANN & JENS JÖRG RIECK
IN RIO DE JANEIRO

Eine Kette von schwer bewaffneten Militärpolizisten stellte sich vor dem Spiel dem Strom der Fans entgegen. Ein Fahrer hatte uns in der Nähe der Metro-Station Sao Christovao abgesetzt. Keine 200 Meter weiter die nächste Mauer aus Polizisten und Soldaten auf der Straße zum Maracana. Kontrolle! Tickets vorzeigen, Rucksack auspacken, Arme hoch zum Abtasten! Schon beim Einpacken des Rucksacks war keine 200 Meter entfernt die nächste Sperre zu erkennen, die quer über die Straße gezogen auf uns wartete. Kontrolle! Tickets vorzeigen, Rucksack ... Die argentinischen Fans sangen, die Deutschen bemalten ihre Gesichter mit Schwarz-Rot-Gold, die Stimmung war immer noch erstaunlich entspannt. Und das trotz der Tatsache, dass die ersten fünf Kontrollen alle auf einer großen Stadtautobahnbrücke stattfanden. Als die Brücke endlich geschafft war, folgte natürlich umgehend eine neue Kontrolle. Tickets, Rucksack, Arme hoch ... wie viele es am Ende genau waren, kann ich gar nicht sagen, ein Dutzend mit Sicherheit.

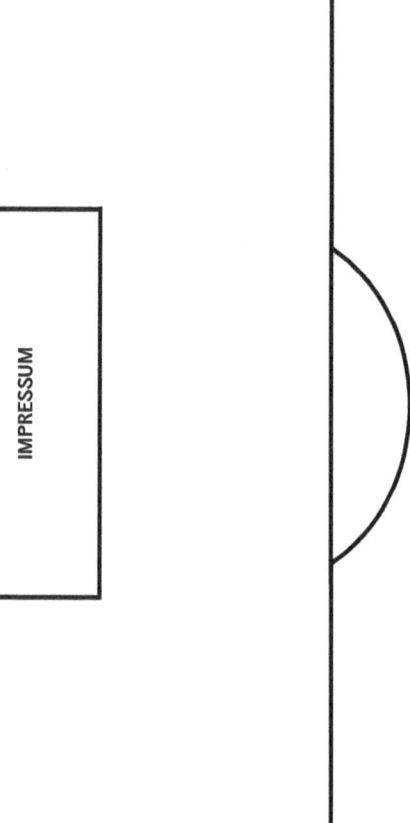

IMPRESSUM

IMPRESSUM

Projektleitung: *Dr. Marten Brandt*
Art Direction: *Andreas Volleritsch*
www.neubaudesign.com
Lithographie: *Martina Drignat*
Druck und Bindung: *GGP Media GmbH, Pößneck*

1. Auflage 2024
© 2024 Edel Verlagsgruppe GmbH
Neumühlen 17
D-22763 Hamburg
ISBN: 978-3-98588-096-6

BILDNACHWEIS

Frontcover: © Imago
Von oben nach unten: Chal v.d. Laage; ANP; ABACAPRESS; AFLOSPORT; Sven Simon; UPI Photo; ANP; Jan Huebner
Hintergrundfoto: iSToc

LIEBE LESERINNEN, LIEBE LESER

wie schön, dass Sie ein Buch von EDEL SPORTS lesen!
Wir lieben große Geschichten, herausragende Persönlichkeiten und starke Meinungen aus der faszinierenden Welt des Sports und freuen uns sehr, dass Sie diese Leidenschaft mit uns teilen. Sport ist Emotion, Entertainment und Business zugleich. Geben Sie uns gern Ihr Feedback auf Instagram (@edel.sports) oder schreiben uns an:
info@edelsports.com

UNSER VERLAGSHAUS

Mit Standorten in Hamburg und München zählt die Edel Verlagsgruppe zu den größten unabhängigen Buchanbietern Deutschlands.
Zur Gruppe gehören die Verlage Dr. Oetker Verlag, Edel Sports, KARIBU und ZS.

EDEL Sports –
Ein Verlag der Edel Verlagsgruppe
🌐 www.edelsports.com
📷 www.instagram.com/edel.sports

COMIC-KULT FÜR FUSSBALLFANS!

German Aczel
**Die schönsten Tore
aller Zeiten**

ISBN 978-3-98588-020-1

Wunderbar
illustriert

**Jetzt überall,
wo es gute Bücher gibt.**

DIE REPORTER

ALEXANDER BLEICK

Neben seinem BWL-Studium begann Alexander Bleick ab 1983 freiberuflich für den NDR zu arbeiten. Als Radiokommentator startete er mit Spielen der 3. Liga, seit 1986 ist der Hamburger fester Bestandteil der Bundesligakonferenz, 1989 übertrug er sein erstes Länderspiel. Brasilien 2014 war seine sechste WM, zum dritten Mal in Folge wurde er von der ARD als Endspielmoderator nominiert.

GUIDO RINGEL

Der Berliner Guido Ringel studierte Publizistik und Geschichte an der FU Berlin, bevor er seine Arbeit als Sportreporter aufnahm. Seitdem berichtet er regelmäßig in der Bundesligakonferenz, von Länderspielen der deutschen Nationalmannschaft sowie sportlichen Großereignissen wie den Olympischen Spielen oder der Fußball-WM.

MICHAEL AUGUSTIN

Seit 2001 ist Michael Augustin freiberuflich als Sportreporter tätig. Der Einsatz-bereich des Allrounders reicht dabei von der Bundesliga-konferenz bis zu internatio-nalen Großveranstaltungen, von der Schwimm- bis zur Fußball-WM.

EDGAR ENDRES

Seinen Weg zum Radiokommentator ebnete sich Edgar Endres während seines Politik- und Geschichtsstudiums in Würzburg, als er eine freiberufliche Stelle beim Radio Gong Mainland antrat. Die folgende Journalistentätigkeit beim BR in München legte die Basis für seine heutige Arbeit als viel beschäftigter Fußballkommentator.

ARMIN LEHMANN

Als freiberuflicher Journalist ist Armin Lehmann seit Jahren auch im Sportbereich tätig. Die Spezialgebiete des Reporters sind dabei Basketball und Fußball. Aus der Bundesligakonferenz ist er seit Jahren nicht mehr wegzudenken.

JENS JÖRG RIECK

Nach Maurerlehre und Studium kam Jens Jörg Rieck 1991 zum SWF nach Baden-Baden. Seit 1994 ist er bei allen Fußballweltmeisterschaften im Einsatz gewesen und hat seit 2002 in Yokohama auch die Endspiele der Weltmeisterschaften in Berlin, Johannesburg und Rio übertragen. Neben der Bundesligakonferenz im Radio gehört er zum Stamm der TV-Kommentatoren der „Sportschau".

DESIGN

ANDREAS VOLLERITSCH

Selbstständiger Creative Director und Dozent mit Büros in Hamburg und Pettenbach. Mit seinen mehrfach ausgezeichneten Projekten u.a. „Das Neue Testament als Magazin" und „Das Grundgesetz als Magazin" begeistert der Österreicher Laien ebenso wie Designkenner mit außergewöhnlich gelungenen Gestaltungen. neubaudesign.com